La responsabilité sociétale dont vous êtes les héros

boutique.afnor.org/livres

François Sibille
Sylvain Goize

La responsabilité sociétale dont vous êtes les héros

afnor
ÉDITIONS

Vous voulez nous faire partager une remarque ou une suggestion ?
Contactez-nous :
fabrication-editions@afnor.org

La 1re édition de cet ouvrage (© 2015) a fait l'objet d'un reconditionnement à l'occasion de son 3e tirage (nouvelle couverture).

Le texte de l'ouvrage reste inchangé par rapport au tirage précédent.

Couverture : création et exécution Gilda Masset (AFNOR Éditions)

Crédit photo © 2021 Adobe Stock

ISBN 978-2-12-465784-1

AFNOR – 11, rue Francis de Pressensé, 93571 La Plaine Saint-Denis Cedex
Tél. : +33 (0) 1 41 62 80 00 – boutique.afnor.org/livres

Sommaire

Les auteurs

François Sibille

Initialement ingénieur en physique nucléaire, François Sibille a d'abord travaillé dans le secteur de l'industrie nucléaire civile et militaire avant de compléter ses compétences en stratégie, organisation et responsabilité sociétale. Évoluant depuis de nombreuses années dans le métier du conseil et de la formation, il a acquis une solide expérience du fonctionnement stratégique et opérationnel des organisations. Il est aujourd'hui consultant en responsabilité sociétale pour AFNOR Compétences. Membre de la commission ISO 26000 et expert international en responsabilité sociétale pour des projets menés par l'ISO, en charge du programme certifié par la *GRI*[1], il contribue à mettre en place des stratégies intégrées de responsabilité sociétale pour de grands groupes et des PME en France, en Europe, au Maghreb, en Afrique, au Moyen-Orient et en Asie.

Sylvain Goize

Ayant suivi un cursus axé sur les sciences sociales et le management, Sylvain Goize a dirigé et créé sa propre entreprise de formation continue pour ensuite rejoindre l'industrie des équipementiers automobiles et se spécialiser dans les domaines de la démarche qualité et de la gestion des ressources humaines. Durant ces vingt dernières années, il a exercé son activité dans les secteurs du conseil en management et de l'organisation des entreprises.

1 *Global Reporting Initiative* : la *Global Reporting Initiative* a été établie vers la fin 1997 avec comme mission de développer les directives applicables mondialement en matière de développement durable, ainsi que de rendre compte des performances économiques, environnementales et sociales, initialement pour des sociétés puis, par la suite, pour n'importe quelle organisation gouvernementale ou non gouvernementale (source : Wikipédia).

Il est aujourd'hui consultant indépendant et *coach* en responsabilité sociétale et gestion du changement après avoir collaboré pendant 14 ans avec AFNOR. Il est expert international auprès de l'ISO dans le cadre du programme *Middle East North Africa (MENA)* pour la responsabilité sociétale. Il intervient également dans le cadre de mise en œuvre de programmes européens de rapprochement avec le Maroc et assure des missions de développement de démarche sociétale et de *coaching* de dirigeants au Maghreb et en Afrique.

Comment s'organise le management de votre projet ?

Avant de vous lancer dans le projet de responsabilité sociétale dont vous allez être les héros, il vous faut bien comprendre le fonctionnement de ce livre ainsi que votre rôle dans le projet d'entreprise que vous allez animer.

Le principe de navigation dans le livre

Le livre est découpé en paragraphes qui sont numérotés depuis **1** jusqu'au dernier numéro. La lecture commence au paragraphe numéroté **1** et se poursuit ailleurs dans l'ouvrage car chaque paragraphe renvoie à un ou plusieurs paragraphes numérotés et ainsi de suite. Dans chaque paragraphe, un choix d'orientation ou d'action vous est proposé, charge à vous de choisir une option et donc de continuer la lecture en vous rendant au paragraphe numéroté correspondant à votre choix. Certains paragraphes vous détaillent les conséquences de vos choix, d'autres vous proposent des interactions avec les parties prenantes de l'organisation, d'autres encore vous informent sur l'évolution du contexte de l'organisation, etc.

Au fur et à mesure de votre aventure, vous allez donc naviguer au sein de cet ouvrage qui n'est clairement pas conçu pour être lu de façon linéaire et dans l'ordre (c'est-à-dire de la première à la dernière page), cela n'aurait aucun sens.

En fonction de vos choix et du contexte, votre projet peut aboutir ou bien s'arrêter brusquement. Cela vous sera précisé dans le livre le cas échéant.

Le tableau de bord des indicateurs du projet

Afin de pouvoir mesurer, suivre et piloter votre projet, celui-ci est doté d'un tableau de bord d'indicateurs. Ces indicateurs évoluent en fonction du déroulement de votre projet et vous permettent de disposer d'un outil d'aide à la décision dans le cadre du management de projet. Chaque indicateur se mesure en points qui seront ajoutés ou retirés au gré des événements. Les six indicateurs de votre tableau de bord sont les suivants :

1. **Le capital économique :** il s'agit d'une estimation de la richesse disponible dans votre organisation (ce point illustre autant sa rentabilité que sa capacité à investir). Cet indicateur vous permet d'avoir une idée de la durabilité économique de votre organisation.
2. **La réserve environnementale disponible :** votre organisation ne peut fonctionner à long terme que si sa consommation de ressources n'excède pas la capacité de votre environnement à se ressourcer. Cet indicateur vous permet de jauger une partie de la durabilité environnementale de votre organisation
3. **La confiance interne :** le dialogue avec les parties prenantes internes de l'organisation passe par l'établissement d'une relation de confiance entre l'organisation et ses parties prenantes. Cet indicateur vous permet d'évaluer la qualité de ce dialogue.
4. **Le capital image :** au même titre que le dialogue avec les parties prenantes internes, l'établissement d'une relation de confiance avec ses parties prenantes externes passe par la construction d'une image saine et cohérente. Cet indicateur mesure ce capital d'image.
5. **Le système de management :** cet indicateur donne une idée de la performance interne de l'organisation qui est un gage de fonctionnement sur le long terme. L'intégration du système de management est une orientation importante de votre projet.
6. **L'éthique :** la transparence, l'honnêteté, l'équité, la redevabilité, le respect de la loi, etc., sont autant de principes qui peuvent sous-tendre les choix de

l'organisation. Cet indicateur traduit l'existence ou non d'une cohérence entre les principes de l'organisation et leur mise en œuvre opérationnelle, en lien avec les principes de la responsabilité sociétale.

La gestion des interactions avec les parties prenantes

Au fur et à mesure de la progression de votre projet, des interactions avec vos parties prenantes vont avoir lieu. Elles nécessiteront une gestion particulière. Chaque paragraphe vous détaillera la manière de gérer l'interaction. Il vous sera souvent demandé de déterminer si une rencontre est un succès ou bien un échec.

Pour laisser une part de place aux opportunités et aux hasards de la vie, un tir aléatoire (ou un jet de dés) est pris en compte dans les interactions. Cependant, pour vous permettre une certaine maîtrise des choix qui sont faits, cette part de hasard est fortement pondérée par le niveau des indicateurs du projet.

Pour gérer une interaction vous procéderez de la sorte :

1. Notez sur votre feuille de route (voir le paragraphe de description de la feuille de route) le score de confiance interne (si la partie prenante est interne) ou de capital image (si la partie prenante est externe) de la partie prenante qui vous sera indiqué.
2. Faites un tir aléatoire (ou jetez deux dés à six faces) pour votre partie prenante et ajoutez ses points de confiance ou d'image, cela constituera son potentiel d'interaction :

   Potentiel d'interaction de la partie prenante =
   tir aléatoire + score de confiance (ou d'image) de la partie prenante

3. Faites un tir aléatoire pour vous-même et ajoutez vos points de confiance (si la partie prenante est interne) ou d'image (si la partie prenante est externe), cela constituera votre potentiel d'interaction.

   Votre potentiel d'interaction =
   tir aléatoire + votre score de confiance (ou d'image)

4. Analysez les résultats avec la grille suivante qui clôture l'interaction ou qui vous renvoie à l'étape 2.

Résultat de l'interaction et conséquences

Résultat	Conséquence
Votre potentiel d'interaction dépasse celui de votre partie prenante de 3 points ou plus.	La rencontre est un succès et vous gagnez 1 point d'image ou de confiance
Votre potentiel d'interaction est égal ou dépasse celui de votre partie prenante de 1 ou 2 points.	Vous retentez votre chance depuis l'étape 2 mais le potentiel d'interaction de votre partie prenante sera diminué de 2 points supplémentaires à chaque nouvelle tentative.
Votre potentiel d'interaction est inférieur à celui de votre partie prenante de 1 ou 2 points.	Vous retentez votre chance depuis l'étape 2 mais votre potentiel d'interaction sera diminué de 2 points supplémentaires à chaque nouvelle tentative.
Le potentiel d'interaction de votre partie prenante dépasse le vôtre de 3 points ou plus.	La rencontre est un échec et vous perdez 1 point d'image ou de confiance.

Les tirs aléatoires

Pour faire un tir aléatoire, vous avez plusieurs possibilités :

- soit vous jetez deux dés à six faces et vous cumulez les résultats pour obtenir un score compris entre 2 et 12 ;
- soit vous pointez avec un stylo (et les yeux fermés) la grille située à la fin du livre (voir en Annexe 1) pour déterminer ce même score.

Les objets de votre « quête »

Au cours de votre projet, il vous sera nécessaire de pouvoir stocker un certain nombre de documents qui vous seront remis en fonction de vos rencontres, de vos choix ou de vos investissements. Notez bien ces informations car elles sont susceptibles de vous resservir plus tard ou de vous permettre de favoriser l'atteinte de votre objectif.

Les paramètres de départ de votre projet

Avant de démarrer, il convient de déterminer le niveau de départ des indicateurs de votre organisation. Pour votre première aventure, il est conseillé de démarrer avec les indicateurs suivants :

- Capital économique : 9
- Réserve environnementale disponible : 5

- Confiance interne : 5
- Image externe : 9
- Système de management : 8
- Éthique : 6

Si vous souhaitez revivre de nouveau l'aventure et afin de varier les situations, vous pouvez déterminer vous-même ces paramètres. Pour cela, il vous faut faire un tir aléatoire et noter le score obtenu pour chacun des indicateurs. Pour tout score inférieur à 3 ou supérieur à 9, refaites un tir aléatoire jusqu'à obtenir une valeur comprise entre 3 et 9.

La feuille de route de votre projet et les situations d’interaction

Le lecteur trouvera sur les pages suivantes sa feuille de route ainsi qu’un tableau qui lui permettra de gérer ses situations d’interactions.

La feuille de route du projet

Feuille de route du projet	
Porte-documents	**Tableau de bord d'indicateurs**
	Capital économique :
	Réserve environnementale disponible :
	Confiance interne :
	Capital image :
	Système de management :
	Éthique :

Les situations d'interaction

Situations d'interaction	
Confiance ou image de la partie prenante :	Confiance ou image de la partie prenante :
Confiance ou image de la partie prenante :	Confiance ou image de la partie prenante :
Confiance ou image de la partie prenante :	Confiance ou image de la partie prenante :
Confiance ou image de la partie prenante :	Confiance ou image de la partie prenante :
Confiance ou image de la partie prenante :	Confiance ou image de la partie prenante :
Confiance ou image de la partie prenante :	Confiance ou image de la partie prenante :
Confiance ou image de la partie prenante :	Confiance ou image de la partie prenante :
Confiance ou image de la partie prenante :	Confiance ou image de la partie prenante :

La responsabilité sociétale selon la NF ISO 26000

Selon la NF ISO 26000[2], « La principale caractéristique de la responsabilité sociétale se traduit par la volonté de l'organisation, d'une part, d'intégrer des considérations sociales et environnementales dans ses prises de décision, et d'autre part, d'être en mesure de répondre des impacts de ses décisions et activités sur la société et l'environnement. Ceci implique un comportement à la fois transparent et éthique qui contribue au développement durable, respecte les lois en vigueur et soit en cohérence avec les normes internationales de comportement. Cela suppose également que la responsabilité sociétale soit intégrée dans l'ensemble de l'organisation, qu'elle soit mise en œuvre. »

2 NF ISO 26000:2010, *Lignes directrices relatives à la responsabilité sociétale*, paragraphe 3.3.1 « Généralités », p. 7.

La dimension éthique de la responsabilité sociétale se traduit par la prise en compte des sept principes suivants[3] :

1. la redevabilité ;
2. la transparence ;
3. le comportement éthique ;
4. la reconnaissance des intérêts des parties prenantes ;
5. le respect du principe de légalité ;
6. la prise en compte des normes internationales de comportement ;
7. le respect des droits de l'Homme.

Assumer sa responsabilité sociétale passe par la prise en compte de certaines problématiques qui sont pertinentes pour les organisations. On les retrouve dans les sept questions centrales de la norme NF ISO 26000 :

1. **La gouvernance de l'organisation** décrit la prise en compte des aspects économiques, sociaux et environnementaux dans la stratégie de l'organisation, en lien avec les parties prenantes, sur la base d'un système d'organisation pérenne.
2. **La question des droits de l'Homme** rappelle le devoir de vigilance de tout un chacun sur les sujets de discriminations au sens large et le respect des droits fondamentaux.
3. **Les relations et les conditions de travail** considèrent les conditions de travail (les contrats, les conditions, les assurances, etc.), le dialogue social, la santé et la sécurité au travail ainsi que le développement des ressources humaines.
4. **L'environnement** couvre la gestion de toutes les formes de rejets ou de pollution, y compris les gaz à effet de serre, la consommation responsable des ressources et la prise en compte de la biodiversité ou des espaces naturels.
5. **La loyauté des pratiques** concerne la lutte contre la corruption, la transparence de l'engagement politique, la loyauté des pratiques envers la concurrence et la prise en compte de la responsabilité sociétale tout au long de la chaîne de valeurs.
6. **Les questions relatives aux consommateurs** englobent tous les droits internationaux du consommateur (l'information, la santé, l'assistance, etc.).

3 NF ISO 26000:2010, paragraphe 4 « Principes de la responsabilité sociétale », p. 12.

7. **Les communautés et le développement local** prennent en compte les problématiques du ou des territoires d'implantation et les manières de contribuer au développement local.

Les étapes de la mise en œuvre de la responsabilité sociétale d'une organisation peuvent s'enchaîner de la façon suivante :

- déterminer la responsabilité sociétale de son organisation ;
- engager le dialogue avec ses parties prenantes ;
- réaliser un état des lieux sur ses performances au regard des sept questions centrales ;
- engager un plan d'action d'amélioration ;
- intégrer la responsabilité sociétale dans son organisation ;
- engager une démarche d'amélioration continue ;
- crédibiliser sa démarche.

L'entreprise Vitaljuices et son projet de responsabilité sociétale

L'entreprise Vitaljuices a été créée en 1968. Initialement spécialisée dans la production de concentrés de tomate, elle s'est orientée vers la création de jus de fruits à base de pulpe dès 1970. L'entreprise est une entreprise familiale de type Société Anonyme. Son capital est de 5 millions d'euros. Il est ouvert aux salariés et à deux actionnaires externes.

Voici un rappel des dates-clés :

- 1968 : création de la société.
- 1970 : lancement de la gamme « Jus de fruits de France ».
- 2000 : lancement de la gamme Tetra Pack®.
- 2005 : ouverture du capital.
- 2010 : certification du système intégré SMQE[4].
- 2012 : démarche NF ISO 26000 et NF EN ISO 22000[5].

4 Système de management de la qualité et de l'environnement.

5 NF EN ISO 22000:2005, *Systèmes de management de la sécurité des denrées alimentaires – Exigences pour tout organisme appartenant à la chaîne alimentaire.*

Vitaljuices dispose d'un site de production en France à Carpentras (84) (Vitaljuices), au Maroc (Vitaljuices MA) et au Vietnam (Vitaljuices VN). La société emploie près de 600 salariés : 300 en France, 150 au Maroc et 150 au Vietnam. Vitaljuices est un des acteurs indépendants de la production de jus de fruits et de boissons fruitées avec près de 5 % de parts de marché en France, 30 % au Maroc et 40 % au Vietnam. L'organisme est certifié ISO 9001[6] et ISO 14001[7], et prépare sa certification ISO 22000[8].

Les trois sociétés du groupe sont organisées de la même façon :

- **La direction générale :** chargée de la stratégie, de la gestion financière, des investissements et de l'organisation de l'entreprise, elle est complétée par un comité de direction chargé de statuer sur le fonctionnement des affaires courantes et par un comité des fournisseurs et des partenaires qui gère les relations externes.
- **La direction industrielle :** elle est responsable de l'organisation de la production depuis son lancement suite aux commandes prises par les services commerciaux jusqu'à la livraison aux clients. Elle intègre la direction des achats et de la logistique.
- **La direction commerciale :** elle est chargée du *marketing* produit, de la veille concurrentielle, de l'organisation des ventes, de la réalisation des ventes et de la gestion de la satisfaction client.
- **La direction des ressources humaines (DRH) :** elle est chargée de déterminer la politique ressources humaines (qui est validée en comité de direction), de gérer les dossiers administratifs et juridiques du personnel ainsi que le développement des compétences (le recrutement, la formation, la sous-traitance de services).

Le site de Carpentras accueille pour sa part une direction spécifique :

- **La direction recherche et développement (R&D) :** elle est chargée de vérifier la conformité de la composition des produits ainsi que de créer de nouveaux produits et *process* de fabrication en collaboration avec la direction commerciale.

L'entreprise est engagée dans un plan de responsabilité sociétale.

6 ISO 9001:2008, *Systèmes de management de la qualité – Exigences.*

7 ISO 14001:2004, *Systèmes de management environnemental – Exigences et lignes directrices pour son utilisation.*

8 ISO 22000:2005, *Systèmes de management de la sécurité des denrées alimentaires – Exigences pour tout organisme appartenant à la chaîne alimentaire.*

Dans ce cadre, citons en particulier :

- l'engagement dans une démarche de responsabilité sociétale, bien exprimé dans la politique qualité de l'entreprise ;
- une forte implication au sein des associations professionnelles sectorielles et celles liées à la promotion de l'entrepreneuriat ;
- la promotion interne de l'emploi féminin ;
- le *sponsoring* d'actions d'encouragement ;
- des initiatives éducatives : organisation de visites d'écoliers dans l'entreprise ;
- l'information, l'éducation et la sensibilisation des consommateurs sur les emballages et sur la réduction des taux de sucre ajoutés dans les jus de fruits.

Il y a quelques semaines, l'actionnaire familial a confirmé sa volonté de voir Vitaljuices assumer sa responsabilité sociétale : « Cela fait partie intégrante des valeurs de l'entreprise » a-t-il précisé.

Votre objectif dans ce projet

Votre rôle dans cette aventure est celui du responsable du comité de direction de l'entreprise Vitaljuices. Votre but est très simple : faire assumer sa responsabilité sociétale à votre entreprise et mettre en place un système de management intégré responsable. Vous avez un an pour améliorer la situation existante et parvenir à organiser la session multi-parties prenantes que vient de décider votre comité de direction en lien avec la demande de vos administrateurs.

Vous disposez dans votre porte-documents des éléments suivants :

- le certificat ISO 9001, délivré il y a deux ans et demi ;
- le certificat ISO 14001, délivré il y a deux ans ;
- le baromètre social de Vitaljuices France dont le score est « Morose ».

Que l'aventure commence !

1

L'ambiance à la sortie du comité de direction est un peu fébrile, comme d'habitude. Certains projets ont été mis de côté, d'autres ont présenté des résultats encourageants et des échanges un peu tendus ont eu lieu au cours de la matinée. Le directeur industriel vous a reproché d'avoir consacré plus de la moitié de la réunion au développement durable alors que des décisions importantes d'investissement restent en attente. « Les filtres continuent de se boucher régulièrement à la sortie du mélangeur de pulpe sur le site marocain, on peut gagner 3 à 5 % de productivité sur ce point du processus ! » s'est-il plu à rappeler plusieurs fois.

Un projet de responsabilité sociétale ne peut pas passer si facilement et sans opposition dans une organisation telle que la vôtre. Vous en avez bien conscience. Cependant, le résultat des prises de positions individuelles est assez encourageant : la grande majorité des directeurs ont donné leur accord pour engager la démarche et ont confirmé l'indicateur retenu pour mesurer le succès du projet : la tenue ou non d'une session multi-parties prenantes d'ici à un an. L'objectif est ambitieux, à vous d'organiser les choses pour y parvenir. Mais quelles sont vos parties prenantes ? C'est avec cette question à l'esprit que vous traversez les couloirs pour vous rendre dans votre bureau situé au siège de Carpentras. Le temps de prendre un café au distributeur, vous êtes rattrapé par Jade Lacegité, la représentante du personnel. « Une fois de plus, vous avez pris des décisions sans nous consulter ! C'est bien le paternalisme à la Vitaljuices ! » vous lance-t-elle à la figure. Vous êtes fatigué par son discours anti-managérial.

- ► Si vous lui annoncez avec le sourire que vous n'êtes pas dupe de ses manipulations pour monter le personnel de production contre la direction, rendez-vous au **124**
- ► Si vous ignorez ses remarques agressives et rentrez dans votre bureau, rendez-vous au **249**
- ► Si vous lui annoncez qu'elle se trompe sans doute de sujet et que vous êtes toujours ouvert à l'échange, rendez-vous au **76**
- ► Si vous êtes ravi de lui parler du projet de responsabilité sociétale que vous lancez, rendez-vous au **261**

1 Le mélangeur de pulpe

2

Mai vous explique que cela fait des semaines qu'elle travaille sur le sujet des pulpes de litchi, sans résultat concernant les impuretés résiduelles à la réception des produits. Vous perdez 1 point de système de management.

► Si vous souhaitez quand même évoquer la possibilité d'une charte RSE[9] fournisseur, rendez-vous au **270**

► Sinon, prenez le chemin du bureau de la DRH à l'issue de l'entretien, rendez-vous au **281**

3

La grève est effective, elle dure depuis trois jours. L'accès des camions d'approvisionnement est bloqué par les grévistes. La production ne pourra plus fonctionner d'ici un jour et ne peut plus stocker que dans la cour. Un nouveau préavis est déposé pour la semaine prochaine. Vous perdez 1 point de capital économique et 1 point de capital image.

► Si vous décidez de vous réunir avec les représentants du personnel, les syndicats ainsi que l'ensemble des collaborateurs, rendez-vous au **239**

► Si vous pouvez faire appel aux sous-traitants pour casser la grève et relancer la production, rendez-vous au **260**

4

Sur la base de vos « succès », vous décidez de faire le point avec certains de vos représentants du personnel pour « sentir » la situation.

► Si vous organisez une première *Web* conférence avec Jade Lacegité, la représentante du personnel sur le site de Carpentras, rendez-vous au **81**

► Si par contre vous souhaitez privilégier le Maroc et organiser la *Web* conférence avec vos interlocuteurs sur place, rendez-vous au **186**

5

En acceptant les conditions d'Albert, vous avez ouvert la porte à tous les abus. Vous perdez 2 points d'éthique et 2 points de capital économique. Si vous avez encore le courage de continuer, vous n'avez plus qu'à rentrer au siège. Rendez-vous au **139**.

6

C'est un peu la douche froide après les félicitations. Tout le monde s'interroge et les discussions vont bon train entre les agents. Seul Tem semble comprendre l'enjeu et s'engage au nom de l'équipe à progresser sur le sujet de la sécurité. Vous perdez le point de confiance interne gagné auparavant mais vous gagnez 1 point de système de management. Rendez-vous au **276**.

9 Responsabilité sociétale des entreprises.

7

Le personnel apprécie la concertation et se positionne clairement pour soutenir votre démarche. Vous gagnez 1 point de confiance interne, d'éthique et de système de management.

- Si, fort de ce soutien, vous décidez d'engager une réflexion sur la vision globale de responsabilité sociétale avec le personnel, rendez-vous au **303**
- Si vous décidez de vous concentrer sur les conditions de travail interne et sur le dialogue avec les parties prenantes internes, rendez-vous au **93**

8

La commerçante est un peu surprise par votre question : « Mais bien sûr qu'il n'y a pas de réclamations ! Je distribue des produits sains, frais et de bonne qualité. Il n'y a rien à y redire ! » Vous sentez que votre question sonne pour elle comme une remise en question de ses compétences personnelles. Vous perdez 2 points de confiance interne.

- Si vous choisissez quand même de demander l'avis des premiers clients qui se présentent, rendez-vous au **103**
- Sinon, vous remontez sur vos scooters et parcourez quelques rues. C'est alors que Dung vous montre quelque chose au loin. Rendez-vous au **119**

9

Comme vous avez su faire émerger des consensus avec vos distributeurs, vos fournisseurs sont prêts à co-organiser l'événement en votre compagnie. Patrice vous proposera même une charte graphique en lien avec le message que vous souhaitez véhiculer le jour dit. La question est maintenant de savoir si vous aurez le même soutien en interne. Pour cela, rendez-vous au **232**.

10

Le dialogue paraît se renouer. Les représentants syndicaux sont dubitatifs mais vous accordent le bénéfice du doute si un plan d'action est mis en place et signé. Vous acceptez immédiatement, vous gagnez 1 point de confiance interne avec l'engagement CGEM et le plan sur deux ans priorisant les plus défavorisés. Vous pouvez ranger dans votre porte-documents le plan d'action sociale à destination de vos collaborateurs marocains à deux ans.Vous perdez 1 point de capital économique compte tenu du coût des mesures, mais vous gagnez en contrepartie 1 point de capital image avec l'engagement envers le label CGEM. Rendez-vous au **101**.

11

« Le contexte français ne peut être transposé ici. Vos contraintes ne sont pas les nôtres et nos capacités ne sont pas les vôtres ! » plaide Mai. « Je peux soumettre cette charte à mes fournisseurs, ils vont la signer de peur que je ne rompe le contrat avec eux, mais il ne faudra pas que j'aille vérifier sur place… » La discussion ne menant nulle part, vous décidez de vous rendre au bureau de la DRH. Rendez-vous au **281**.

12

Vous quittez le bureau des ressources humaines avec le sentiment d'avoir vécu une sorte d'épreuve. Tem vous ramène à votre hôtel pour la fin de la journée. Il est temps de vous détendre. Le soir, vous vous endormez en songeant au programme du lendemain qui est consacré à la rencontre de quelques distributeurs locaux. Rendez-vous au **206**.

13

Vous proposez la chose suivante à votre interlocuteur : « Vous pouvez maintenir vos pratiques mais seulement si vous pouvez démontrer que le délai de retour sur investissement sera inférieur à douze mois. Si le retour est plus long, je vous demande d'éviter de trop vous impliquer dans des zones aux pratiques douteuses. On mettra cela au programme du prochain comité de direction si vous pouvez fournir des chiffres prévisionnels d'ici là. » Jeanne vous tire un peu par la manche, l'interlocuteur russe avec lequel vous devez vous entretenir vous attend. Vous quittez Staffan en vous demandant si vous avez fait le bon choix. Rendez-vous au **273**.

14

Comme à son habitude, Jeanne vous accueille très chaleureusement à grand renfort d'embrassades et de : « Tu m'as manqué ! C'était bien le Maroc ? Alors quand est-ce qu'ils vont se mettre à jour concernant les méthodes de management moderne ? »

- ▶ Si vous souhaitez féliciter Jeanne pour ses résultats, rendez-vous au **284**
- ▶ Si vous voulez lui parler de la dernière plainte client au sujet de l'absence de déclaration à la CNIL[10] pour certains de vos fichiers, rendez-vous au **217**
- ▶ Si vous préférez évoquer directement les soucis de corruption dont vous avez eu vent, rendez-vous au **67**

10 Commission nationale de l'informatique et des libertés.

15

L'échange s'avère passionnant et vous allez devoir déterminer si cette rencontre est un succès ou un échec. Durant cette rencontre, vous bénéficiez temporairement d'un bonus de 2 points de capital image :

• Patrice Céplujolly, *Designer* •
Capital image : 7

▶ Si la rencontre est un succès, rendez-vous au **188**

▶ Si la rencontre est un échec, rendez-vous au **161**

16

Au risque de diminuer un peu votre capital économique, vous décidez de confirmer votre décision de lancer la rencontre. Mais peut-être que l'un de vos partenaires d'affaires souhaitera-t-il s'associer au projet (et faire sa propre promotion, vous n'êtes pas naïf) ?

▶ Si vous avez dans votre porte-documents un cahier des charges fournisseur et un contrat de distribution, rendez-vous au **60**

▶ Si vous avez dans votre porte-documents un cahier des charges fournisseur et un contrat de *designer*, rendez-vous au **304**

▶ Si vous avez dans votre porte-documents un contrat de distribution et un contrat de *designer*, rendez-vous au **160**

▶ Si vous avez dans votre porte-documents les trois documents, rendez-vous au **83**

▶ Si vous n'avez aucun ou un seul des trois documents, rendez-vous au **192**

17

Arrivé au bureau d'Anh Thi Tran, vous constatez qu'elle est absente. Son assistante vous précise que le directeur vous a prévu un entretien avec elle plus tard dans la journée. Anh Thi est actuellement chez un fournisseur pour l'aider à améliorer ses conditions de travail et travailler notamment sur le problème des accidents de travail.

Tem revient déjà. La filtration des pulpes qu'ils ont dû mettre en place fonctionne bien, mais cela induit un coût supplémentaire. Rendez-vous au **276**.

18

Dès que vous élevez un peu la voix et que vous pointez les câbles couverts de jus de litchi, les visages des Vietnamiens se ferment. Seul Tem semble vouloir vous affronter : « La priorité est à la production ! C'est mon travail de garantir cela. Mon équipe a travaillé très dur depuis plusieurs jours pour assurer les objectifs de productivité ! » Vous allez devoir déterminer si cette rencontre est un échec ou un succès.

• Tem Le Quoc, Directeur de Vitaljuices VN •
Confiance interne : 7

► Si la rencontre est un succès, rendez-vous au **266**

► Si la rencontre est un échec, rendez-vous au **313**

19

Même si l'état de la circulation a fait des progrès dans les rues de Dalat, c'est en scooter que vous vous rendez au centre de la ville auprès des « détaillants revendeurs » comme on les qualifie chez Vitaljuices VN. En fait, ce sont de petits « magasins de poussières » sur les trottoirs ou en bordure de rue. Au premier coup d'œil, vous diagnostiquez des problèmes potentiels d'hygiène : poussière et autres saletés, projections depuis la chaussée, stockage à même le sol…

► Si vous proposez à Dung d'engager un programme pour aseptiser les lieux comme celui qui est devant vous, rendez-vous au **106**

► Si vous préférez le féliciter d'avoir assuré la mise à disposition des jus de fruits aussi près du client, rendez-vous au **36**

19 Un magasin de poussière

20

Le responsable logistique vous présente une analyse des stocks présents chez ce distributeur : « Les stocks sont importants, voire surdimensionnés à certaines périodes de l'année. Il semble que l'acheteur se réapprovisionne parfois un peu trop, notamment avant ses propres congés d'été pour éviter une rupture en son absence... » À l'issue de sa présentation, il suggère un aménagement du rythme de réapprovisionnement qui soit notamment basé sur un stock de sécurité qui ne conduise pas à stocker le jus de fruits à l'extérieur lors des périodes défavorables. Décision est prise d'aller dans ce sens. Vous gagnez 1 point de système de management.

Vous finissez par appeler votre assistante pour confirmer le détail de votre déplacement auprès de la filiale marocaine. Rendez-vous au **38**.

21

À peine avez-vous raccroché le téléphone que vous vous rendez compte que la journée est bien avancée : le discours d'accueil à la CCI est prévu dans moins de deux heures. Il ne vous reste plus guère de temps avant de vous rendre sur place.

À votre arrivée à la CCI, vous vous rendez directement au dernier étage du bâtimont, là où Jacques Adie, le directeur général de la CCI, a son bureau. Pour parvenir jusqu'à lui, vous empruntez un long couloir où sont accrochés aux murs les portraits grandeur nature de tous les directeurs qui se sont succédés. Photos en noir et blanc, postures graves : l'étiquette protocolaire est de mise. Vous traversez cette galerie d'honneur puis les deux secrétariats pour enfin être chaleureusement accueilli par celui qui se présente à vous comme votre ami de longue date.

- ▶ Si vous le remerciez de son accueil et lui parlez du projet RSE de Vitaljuices, rendez-vous au **167**
- ▶ Si vous prétextez qu'il y a beaucoup de monde pour lui demander si le maire de Jacinthe-la-Jolie est arrivé, rendez-vous au **88**
- ▶ Si vous le félicitez pour la soirée que la CCI a organisée et le laissez préparer son discours, rendez-vous au **226**

22

Les bureaux de *Water Care* ne se trouvent pas à côté, il vous faut deux heures pour y parvenir. Fort heureusement ils ne sont pas fermés et vous parvenez à trouver un interlocuteur.

▶ Si vous commencez par exhiber le journal et par demander des éclaircissements, rendez-vous au **71**

▶ Si vous préférez vous présenter et leur demander en quoi consistent leurs activités, rendez-vous au **155**

23

Vous sentez clairement que vous allez à l'encontre de leurs intentions. Vous restez cependant ferme : « Les filtres doivent être en place dès aujourd'hui ! Je passerai vérifier avant de quitter le site ! Vous savez, le problème qui se pose ne concerne pas tant les restes de pulpe que les produits de nettoyage aseptisants qui sont utilisés pour assurer des conditions de travail compatibles avec les exigences alimentaires. » Vous gagnez 2 points de réserve environnementale disponible mais vous perdez 1 point de capital économique. Si votre certification ISO 14001 n'était plus dans votre porte-documents, vous pouvez la réinscrire à votre actif jusqu'au prochain audit de suivi.

▶ À l'issue de la réunion si vous souhaitez approfondir le sujet et solliciter la responsable des achats, rendez-vous au **82**

▶ Sinon, Tem vous conduit au bureau d'Anh Thi, rendez-vous au **281**

24

Il écoute avec intérêt vos arguments mais le temps est compté. Il vous assure que la parole vous sera donnée à l'issue de sa propre intervention. Rendez-vous au **226**.

25

Vous êtes invité ce soir à la Tour Hassan pour un dîner avec la directrice commerciale. Elle souhaite vous entretenir des opportunités qui se profilent au sein de l'association des fabricants et des distributeurs de boisson. Vous êtes étonné de cette invitation dans un endroit aussi luxueux : l'endroit est très agréable et raffiné. En plaisantant, vous lui demandez : « Est-ce que cela rentre dans tes notes de frais ? » Elle vous explique en souriant : « Mais non, c'est l'association qui invite ce soir ! » Après l'apéritif, vous êtes conviés à une réunion informelle avec les quatre majors de la production de jus de fruits au Maroc. Lorsque vous demandez quel est l'objet de la réunion, Janane vous explique qu'il s'agit de se mettre d'accord sur certaines commercialisations.

▶ Si vous êtes très intéressé par cette idée, rendez-vous au **278**

► Si vous dites à Janane : « Je ne suis pas d'accord sur un principe qui ressemble fort à un accord qui se ferait au détriment des clients et de la libre concurrence. Je suis trop fatigué ce soir pour qu'on s'explique sur ce sujet. Je souhaite vous voir au bureau demain à 10h00 ! » et que vous finissiez votre apéritif, rendez-vous au **136**

26

Après tant de péripéties au Maroc et au Vietnam, vous n'êtes pas fâché d'abandonner ce rythme de folie et de prendre quelques jours pour vous consacrer enfin à mettre en place ce qui vous tient à cœur depuis que vous avez enclenché votre projet de responsabilité sociétale.

En effet, n'étant pas inscrit dans une démarche certifiable, il est difficile de vous adresser à votre organisme certificateur pour qu'il vous donne une caution sur votre démarche. Non, dans le domaine de la responsabilité sociétale, cela ne fonctionne décidément pas comme vous en avez l'habitude. L'objectif est de construire sur le long terme une relation de confiance avec vos parties prenantes, tant internes qu'externes.

Et la confiance ne se gagne pas dans l'ignorance de l'autre. Elle s'acquiert au contraire grâce à la prise en compte et au respect qu'on témoigne à son partenaire ainsi qu'à ses aspirations futures.

Cela fait quelque temps que vous faites mûrir le projet de mesurer ou de tester cette confiance. Depuis votre bureau vous allez amorcer la mise en place d'une rencontre commune avec vos parties prenantes, une session multi-parties prenantes.

Mais encore faut-il que vous ayez suffisamment fait progresser les pratiques managériales de Vitaljuices !

► Si vous souhaitez commencer à cerner le territoire sur lequel pourrait avoir lieu la rencontre, rendez-vous au **33**

► Si par contre vous préférez savoir si vos parties prenantes directes, clients et fournisseurs, sont partantes et si vous avez les moyens de vos ambitions, rendez-vous au **87**

27

Gervais se gratte un peu la tête : « Parmi les emballages disponibles à ma connaissance, il y a le verre, mais celui-ci a été relégué aux oubliettes depuis qu'on a mesuré le gain de poids des emballages plastiques, surtout pour le transport. Il y a bien les canettes métalliques mais elles ne sont pas adaptées pour les contenances d'un litre. On peut aussi changer de gamme de plastique et remplacer le PET[11] par un autre polymère peut-être moins nocif. »

- ▶ Si vous souhaitez demander une estimation des coûts à Gervais, rendez-vous au **306**
- ▶ Si par contre vous préférez prendre des mesures plus rapidement, rendez-vous au **285**

28

Le recours aux discriminations a fait long feu dans la publicité. Le public est un peu plus averti. Cependant ce sont des ressorts qui fonctionnent toujours.

- ▶ Si vous demandez à Raphaël de changer ses critères de promotion et de quitter les sujets « peu éthiques », rendez-vous au **191**
- ▶ Si vous préférez lui recommander de rester sur la même logique, mais de varier les sujets pour ne pas être insistant trop longtemps auprès de la même population, rendez-vous au **213**

29

Vous perdez 1 point de capital économique mais vous êtes satisfait de fidéliser ce client pour l'année prochaine qui s'annonce clairement difficile. Vous finissez par appeler votre assistante pour confirmer le détail de votre déplacement auprès de la filiale marocaine. Rendez-vous au **38**.

30

Sur la base de vos « succès », vous décidez de faire le point avec certains de vos représentants du personnel pour « sentir » la situation.

- ▶ Si vous organisez une première *Web* conférence avec Jade Lacegité, la représentante du personnel sur le site de Carpentras, rendez-vous au **81**
- ▶ Si par contre vous souhaitez privilégier le Maroc et organiser la *Web* conférence avec vos interlocuteurs sur place, rendez-vous au **186**

31

Vous appelez sur le poste fixe et sur le portable et tombez à chaque fois sur la messagerie. Vous laissez donc un aimable message en vous demandant pourquoi c'est à chaque fois pareil. L'air un peu ailleurs, vous décidez d'organiser votre déplacement au Vietnam. Rendez-vous au **35**.

11 Poly(téréphtalate d'éthylène).

32

Gervais est ravi de votre soutien et affirme que vous ne le regretterez pas. Vous gagnez 1 point de confiance interne. Sur sa lancée, il vous dit qu'il a une autre idée à vous suggérer.

► Si vous souhaitez encore l'écouter, rendez-vous au **89**

► Sinon, rendez-vous au **165**

33

Vu l'ampleur des territoires sur lesquels Vitaljuices est implanté, il va bien falloir choisir un lieu de rencontre.

► Si vous avez dans votre porte-documents la lettre de soutien de la CCI et que votre capital image est supérieur à 2, rendez-vous au **244**

► Si vous avez dans votre porte-documents la lettre de soutien de la CCI et que votre capital image est inférieur ou égal à 2, rendez-vous au **85**

► Si votre capital image est supérieur à deux mais que vous n'avez pas la lettre de soutien de la CCI dans votre porte-documents, rendez-vous au **314**

34

Le lendemain, en fin de matinée, Tem Le Quoc passe vous prendre à l'hôtel pour le dernier rendez-vous important de votre séjour vietnamien. Il vous emmène (de façon assez protocolaire, c'est-à-dire en voiture avec chauffeur) rencontrer un membre du comité populaire, l'instance politique en charge de la ville de Dalat. À peine arrivé, Tem vous met « dans le bain » en glissant quelques billets dans une urne de collecte destinée à soutenir la mémoire de Hô Chi Minh, le libérateur du pays.

► Si vous imitez Tem en glissant quelques billets dans le tronc, rendez-vous au **164**

► Si vous estimez que ce geste est déplacé et que vous refusez de vous plier à cette contribution volontaire, rendez-vous au **123**

35

Quelques jours plus tard, votre avion se pose au Vietnam. À votre arrivée à l'aéroport de Hanoi Noibai, vous êtes une fois de plus surpris par la chaleur du pays et par le bruit que peuvent générer la foule et les innombrables scooters. À chaque fois vous vous méprenez, non les gens ne se disputent pas entre eux, ils discutent simplement, mais avec force. John Indiana, le directeur des filiales étrangères de Vitaljuices, n'a pas pu se joindre à vous parce qu'il est à Moscou pour tenter d'y négocier un contrat de distribution.

Vous trouvez d'ailleurs surprenant que le contact russe ait été transmis par la filiale vietnamienne, mais les liens historiques entre les deux pays expliquent sans doute ce fait. C'est une question qu'il conviendra de mettre à l'ordre du jour d'un prochain comité de direction pour déterminer si d'autres marchés ne pourraient pas être plus facilement accessibles de cette manière.

C'est donc Tem Le Quoc, directeur de la filiale Vitaljuices VN qui est venu vous chercher. Vous prenez un second avion jusqu'à Dalat dans le sud du pays. C'est là que sont cultivés la majorité des fruits vietnamiens. Rendez-vous au **43**.

36

« Rien de plus naturel ! » vous répond Dung. « Le Vietnam fonctionne ainsi. D'ailleurs les problèmes d'hygiène sont limités chez ce type de commerçants. En effet, le stock se limite à quelques packs de jus de fruits qui seront vendus rapidement. Le réapprovisionnement très régulier est la garantie de ce fonctionnement. Alors c'est vrai, si parfois un client veut cinq packs à la fois, la commerçante risque de ne pas pouvoir répondre à sa demande, mais quinze mètres plus loin une autre commerçante propose le même jus de fruits. »

Vous remontez sur vos scooters et parcourez quelques rues. C'est alors que Dung vous montre quelque chose au loin. Rendez-vous au **119**.

37

Ludovic Laipadissy, secrétaire général de votre syndicat régional, a depuis plusieurs mois un projet sous le coude pour faire progresser la responsabilité sociétale dans la profession. Vitaljuices, en tant qu'acteur local d'envergure international, serait un bon *leader* d'opinion selon lui. Vous allez devoir déterminer si cette rencontre est un échec ou un succès :

• Ludovic Laipadissy, Secrétaire général du syndicat patronal •
Image externe : 6

- ► Si la rencontre est un succès, rendez-vous au **247**
- ► Si la rencontre est un échec, rendez-vous au **181**

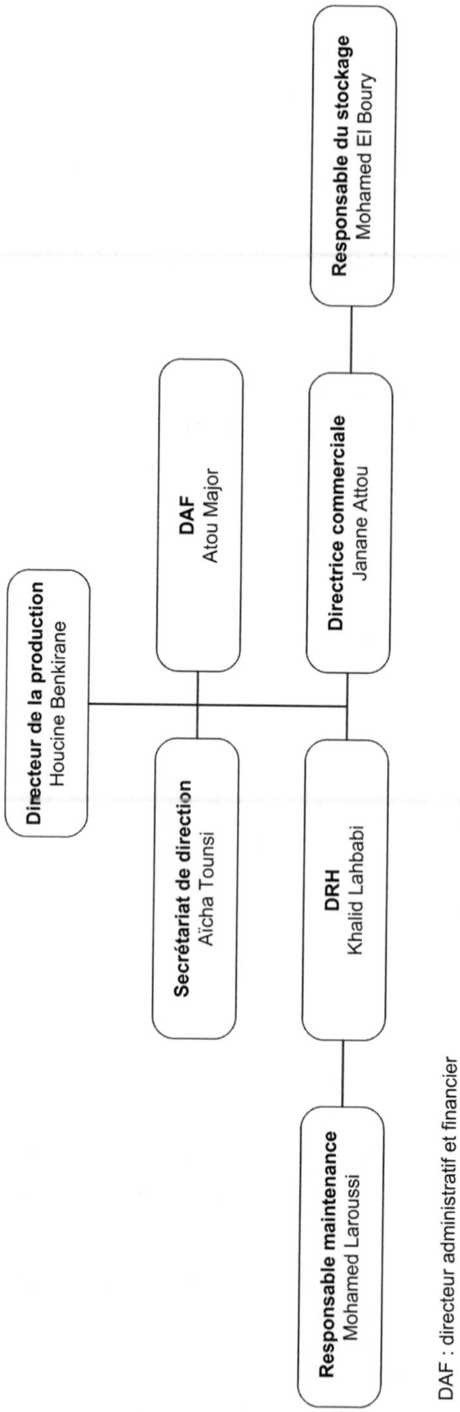

38 Organigramme de Vitaljuices MA

38

Vous préparez votre séjour au Maroc à l'usine d'Aïn Sebaa. Vous venez de recevoir le pré-rapport de la CGEM (Confédération Générale des Entreprises du Maroc) envoyé par le DRH, Khalid Lahbabi. Ce rapport présente la capacité de l'usine du Maroc à candidater au label CGEM (c'est une des orientations stratégiques que vous avez présentées lors de votre dernier passage) et il n'est pas très brillant. Il est même sans appel sur plusieurs points :

- vous ne respectez pas le droit du travail avec plus de 50 % de vos sous-traitants qui travaillent de manière informelle et qui ne déclarent pas tous leurs salariés ;
- le dialogue social interne est un point faible ;
- votre politique environnementale n'est ni formalisée, ni communiquée ;
- les cultivateurs qui vous approvisionnent en oranges et en fraises font régulièrement travailler des enfants ;
- les salaires des collaboratrices féminines sont inférieurs de 20 % à compétences égales ;
- le taux de *turn-over* est supérieur de 15 % à celui de vos concurrents ;
- l'étiquetage des briques de jus de fruits est incomplet et ne respecte pas la législation qui vient de se mettre en place ;
- vos actionnaires se plaignent de ne pas être sollicités concernant les décisions sociétales ;
- la municipalité où se situent l'usine et la régie de distribution de l'eau vous met en demeure de ne plus pomper directement dans la nappe phréatique pour alimenter votre système de nettoyage des cuves et de respecter les règles de maîtrise des rejets et des déchets lors des fortes productions estivales ;
- les coopératives d'agriculteurs qui vous approvisionnent souhaitent vous rencontrer au plus vite pour établir les nouveaux barèmes de prix à la tonne que vous avez bloqués depuis deux ans par un accord que vous aviez passé avec vos concurrents ;
- une partie des entreprises de transports travaille de manière informelle ;
- 30 % des effectifs sont sous contrats précaires (contrats temporaires, CDD) et le *turn-over* est de 60 % ;
- le travail des saisonniers n'est pas intégré dans la gestion des ressources humaines, il est géré par une société filiale, la Flousonly.

Vous avez cependant de solides atouts : votre rentabilité et votre productivité sont en hausse depuis trois ans, vous atteignez tous les objectifs commerciaux définis par la stratégie du groupe et vos actionnaires marocains ont vu leurs dividendes multipliés par deux en trois ans.

Les produits Vitaljuices MA ont été reconnus comme les meilleurs du marché lors des quatre dernières foires agroalimentaires annuelles.

Lors de votre trajet pour vous rendre à l'usine, vous suivez plusieurs camions qui convoient les fruits jusqu'au site de dépulpage. Beaucoup sont dans un état déplorable et les chauffeurs attendent leur tour en plein soleil avant de décharger.

Dès votre arrivée sur le site, le directeur de production vous interpelle au sujet des problèmes du mélangeur de pulpes et du hangar de stockage des barils de pulpes. Ce dernier est trop petit et l'oblige à stocker en plein air.

► Si vous décidez de réunir l'équipe de production immédiatement, rendez-vous au **134**

► Si vous décidez de maintenir la réunion prévue avec les représentants du personnel pour l'adoption de la convention collective, rendez-vous au **44**

39

L'échange s'avère un peu tendu et vous allez devoir déterminer si cette rencontre est un succès ou un échec. Durant cette rencontre, vous bénéficiez temporairement d'un malus de 2 points de capital image :

• Patrice Céplujolly, *Designer* •
Capital image : 7

► Si la rencontre est un succès, rendez-vous au **188**

► Si la rencontre est un échec, rendez-vous au **161**

40

La tension est à nouveau palpable entre vous.

► Si vous disposez dans votre porte-documents d'un exemplaire de la charte éthique de Vitaljuices VN, rendez-vous au **57**

► Sinon, rendez-vous au **248**

41

Votre présentation est un *fiasco*. Vous perdez 1 point de réserve environnementale disponible. La proximité de la réserve naturelle du marais rend votre projet de nouvelle unité de lavage assez douteux aux yeux de l'assistance et l'argument du recyclage de l'eau et d'une consommation d'eau raisonnée n'y fait rien. À voir son regard un peu effrayé, le maire de Jacinthe-la-Jolie semble prendre acte de ce désaveu collectif. On vient cependant vous féliciter poliment et vous accompagner vers l'espace des rencontres individuelles. Vous apercevez le maire de Jacinthe-la-Jolie qui discute non loin de vous. Par ailleurs le secrétaire de votre syndicat patronal semble chercher à vous rencontrer.

- ▶ Si vous décidez d'aller à la rencontre du maire, rendez-vous au **214**
- ▶ Si vous vous dirigez vers le secrétaire du syndicat patronal, rendez-vous au **37**

42

Il apparaît que vous entrez dans une impasse dont on ne sort pas vraiment et c'est dans cette impasse que s'achève votre entreprise pour cette fois.

43

Arrivé sur place, Tem vous fait part des derniers recrutements et des autres mouvements de personnel. Pour sa présentation il s'appuie sur le dernier organigramme à jour de la société.

À peine sa présentation achevée, Tem vous demande de bien vouloir l'excuser : « Je dois me rendre à la production pour m'assurer que les difficultés rencontrées ce matin ne se sont pas trop prolongées. Je n'en ai pas pour longtemps, une heure maximum. En effet, c'est la pleine saison des litchis au Vietnam et ce fruit a la particularité d'avoir un assez gros noyau en plus d'une écorce assez rigide. Cela encrasse assez rapidement l'unité de fabrication du fournisseur de pulpe et demande donc un entretien accru. La pulpe qui arrive à cette saison a donc souvent besoin d'être re-filtrée avant d'être passée au mélangeur pour ne pas saturer ses grilles. »

- ▶ Si vous souhaitez proposer à Tem de l'accompagner, rendez-vous au **207**
- ▶ Si vous saisissez cette opportunité pour vous reposer un peu du décalage horaire, rendez-vous au **227**
- ▶ Si vous préférez profiter de l'absence de Tem pour aller voir Anh Thi, la DRH, rendez-vous au **17**

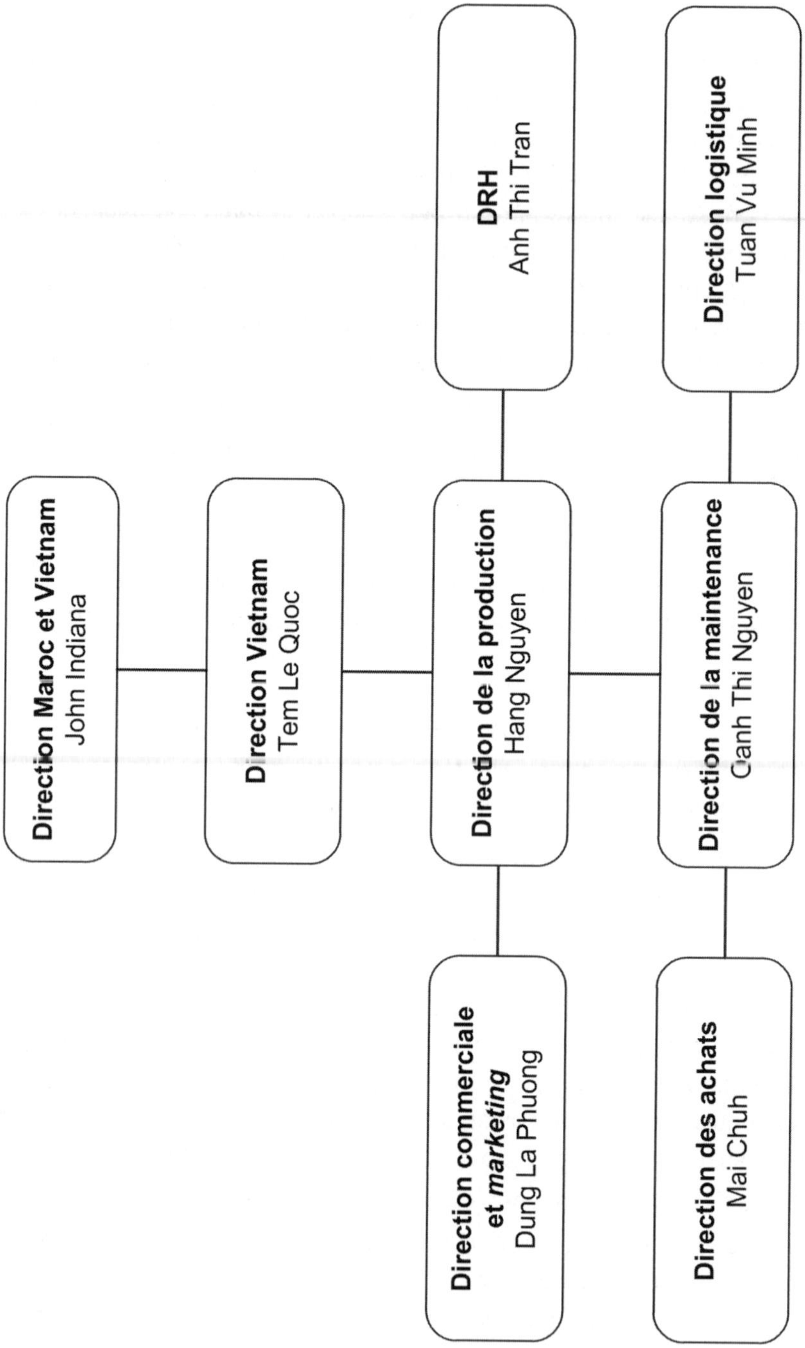

43 Organigramme de Vitaljuices VN

44

La réunion avec les représentants du personnel est très attendue. Les responsables du personnel, Leila Sedrati et Rachid Mimouni, se plaignent de ne pas être entendus depuis plusieurs mois. Les représentants syndicaux font aussi pour leur part état de ce fait : « Nous avons signalé à la direction du travail que depuis sept mois, la direction a refusé de nous recevoir officiellement, au motif que les syndicats auraient fait pression sur les représentants du personnel pour qu'ils votent selon les choix du syndicat. Ceci n'a pas été prouvé ! »

- ► Si vous leur répondez : « Je n'accepte la discussion que si les représentants syndicaux m'assurent que les représentants du personnel non syndiqués ont librement droit à la parole. Je comprends votre agacement dû à l'attente, mais il est temps de tourner la page et d'agir au mieux des intérêts de tous ! », rendez-vous au **90**
- ► Si vous leur dites : « J'ai d'autres priorités que celle d'écouter vos doléances à répétition ! », rendez-vous au **286**
- ► Si vous calmez le jeu en leur expliquant que vous regrettez de ne pas avoir pu être disponible plus tôt mais qu'il faut donc profiter de votre présence pour agir efficacement, rendez-vous au **263**

45

L'idée d'une centralisation du suivi des conditions de travail ne semble pas intéresser outre mesure les chefs d'équipe, ils ont déjà assez à faire pour s'assurer que leurs équipes effectuent les horaires de travail prévus. Si en plus, il faut s'occuper d'eux… Ceci est d'autant plus vrai qu'ils ont été un peu retardés dans la production en raison des vacances du Nouvel An vietnamien, le Têt.

- ► Si vous préférez approfondir la manière dont sont appréhendés les autres indicateurs sur les conditions de travail, rendez-vous au **193**
- ► Sinon, rendez-vous au **137**

46

Vous allez devoir déterminer si vous aboutissez à un résultat constructif :

• Anh Thi Tran, DRH de Vitaljuices VN •
Confiance interne : 8

- ► Si la rencontre est un succès, rendez-vous au **319**
- ► Si la rencontre est un échec, rendez-vous au **140**

47

La discussion se durcit clairement et vous ne tardez pas à être très agacé par les propos de Jade. « Hélas vous n'avez associé aucun salarié à la démarche de responsabilité sociétale de Vitaljuices. Il ne faudra pas s'étonner que personne ne soit motivé par votre projet ! » vous lance-t-elle. Vous décidez de clore l'échange et de reprendre le chemin de votre bureau. Rendez-vous au **249**.

48

Jade prétexte d'être déjà en retard et ne pas avoir le temps d'approfondir ces « fadaises ». Elle met fin à la discussion et vous rejoignez votre bureau. Rendez-vous au **249**.

49

Albert voit bien que vous restez avec lui un peu contre votre gré et que vous en avez assez de ces échanges tendancieux et particulièrement dangereux pour votre équilibre économique. Mais c'est son métier et il pense bien le faire. Aussi vous détaille-t-il comment il est arrivé aux 10 % qu'il va vous falloir lui rembourser d'ici quelque temps.

- ► Si vous renoncez à discuter et acceptez ce taux, rendez-vous au **153**
- ► Sinon, il va falloir affronter Albert, rendez-vous au **129**

50

« Fumier ! C'est bien là l'hypocrisie en personne ! Un jour on signe un accord et le lendemain on renie sa parole ! Comment voulez-vous établir la confiance dans de telles conditions. Pauvre type ! » Jade se déconnecte de la *Web* conférence. Il est dommage de ne pas parvenir à associer les salariés. Il est dommage de faire un tel faux pas si près du but. Il est également dommage que votre projet doive s'arrêter là, dans un climat de tension renouvelée.

51

Peut-être avez-vous été un bon capitaine sur le plan économique et politique, mais lorsque vous décidez de contacter Jade pour qu'elle mobilise les salariés, elle vous répond par une fin de non-recevoir. La réponse marocaine est encore plus imagée, on vous demande d'aller voir au Vietnam si les fraises y sont meilleures. Il ne serait pas de bon ton de tenter une session multi-parties prenantes au cours de laquelle vos représentants du personnel en profiteraient pour dénigrer le management et vos pratiques « antisociales ». Vous imaginez déjà Jade dans cette posture. Non, il n'y a pas à discuter, votre projet s'arrête bel et bien là, faute de participants.

52

Le témoignage d'une ONG[12] sur la volonté de mener un projet en commun, voilà ce qui vous procurera la crédibilité attendue : non seulement vos projets ne seront pas directement critiqués de l'extérieur mais cela renforcera d'autant la politique que vous avez mise en place. C'est un début, certes, mais qui va dans le sens d'une meilleure prise en compte du long terme et d'une approche globale de votre activité.

Vous vous souvenez d'un échange que vous aviez eu avec un consultant en responsabilité sociétale, il y a au moins deux ans de cela. Il vous avait fait comprendre que « l'approche anglo-saxonne de la responsabilité sociétale est basée sur une logique de dialogue avec les parties prenantes et de mécénat visant à compenser vos impacts. En résumé : d'un côté, votre entreprise produit et gagne de l'argent. De l'autre côté, pour produire elle va abîmer un peu l'environnement et les salariés, mais en fin d'année elle va créer une fondation avec l'argent gagné. Et la fondation va financer des projets dont certains vont peut-être contribuer à réparer l'environnement pollué et les salariés abîmés. Le problème, c'est que cette approche n'est pas forcément stratégique et que l'objectif est, d'une part, de réduire ses impacts à la source et, d'autre part, de conduire des actions éventuelles de compensation ou de mécénat qui soient pertinentes au regard de son métier ou des besoins de son territoire d'implantation. » C'est la pertinence de votre approche qui est questionnée de la sorte, et en particulier votre approche du mécénat.

- ▶ Si vous disposez d'une nouvelle convention de mécénat culturel et que votre éthique est de 4 ou plus, rendez-vous au **258**
- ▶ Si vous n'avez pas de nouvelle convention de mécénat culturel mais que vous disposez quand même d'une miniature en laque figurant une tige de bambou et que votre éthique est de 4 ou plus, rendez-vous au **324**
- ▶ Sinon rendez-vous au **56**

53

La tentative avorte lorsque vous constatez que le fonctionnaire empoche votre petite contribution et vous demande en plus le paiement de l'intégralité de la taxe. Pris à votre propre piège, vous réglez la somme due. En échange,

12 Organisation non gouvernementale.

le fonctionnaire vous remet une attestation de paiement que vous rangez dans votre porte-documents. Vous perdez 1 point de capital économique. Rendez-vous au **166**.

54

Le chargé de mission qui organise la rencontre de ce soir est ravi de votre appel. Il vous confirme que le maire de Jacinthe-la-Jolie, une commune voisine, a répondu favorablement à votre invitation et qu'il sera bien présent. Vous teniez à le rencontrer dans ce cadre au sujet d'un contrat sur lequel il pourrait vous être d'un certain secours. Plusieurs possibilités s'offrent à vous pour participer à cette soirée.

- Si vous demandez à faire une intervention sur le rôle social de Vitaljuices à Carpentras et dans les communes environnantes, rendez-vous au **21**
- Si vous vous assurez d'un entretien particulier avec le maire que vous avez invité en seconde partie de soirée lors des rendez-vous préqualifiés par la CCI, rendez-vous au **267**
- Si vous vous apprêtez à passer une soirée quelque peu ennuyeuse (c'est le prix à payer pour être présent et assurer un minimum de relationnel localement) et emportez un dossier que vous pourrez lire pendant les discours, rendez-vous au **288**

55

La mise en place de ce programme vous coûte 1 point de capital économique et vous rapporte 1 point de confiance interne ainsi que 1 point d'éthique. La discussion touche à sa fin. Vous remerciez Anh Thi de son travail et quittez le bureau avec Tem. Rendez-vous au **12**.

56

Votre approche de la responsabilité sociétale se confine encore trop à votre chaîne de valeur directe. La responsabilité sociétale ne contribue pas qu'à faire « gagner des dollars », ce n'est pas qu'un problème de budget, c'est aussi une question d'allocation du budget. Vous constatez encore un manque significatif de cohérence et de vision globale de votre projet. Même si certains résultats sont excellents – et cela n'est pas discutable – l'éthique de votre démarche reste floue et la pertinence des sujets sur lesquels vous vous êtes concentrés fait encore parfois défaut. En conséquence, votre projet n'est pas loin d'aboutir mais votre session multi-parties prenantes n'aura pas lieu cette fois-ci et votre projet s'arrête ici.

57

Anh Thi fini par se calmer. Vous comprenez mieux qu'avec un réveil à 5h00 ou 6h00 du matin, les agents soient un peu fatigués à midi et que pendant la période de la mousson, ce soit encore pire. Vous vous souvenez que les premières études de Frederick Winslow Taylor[13] portaient sur l'étude de la fatigue au poste de travail, études selon lesquelles de toute évidence, un agent moins fatigué est plus performant.

► Si vous préférez aborder le sujet de l'emploi féminin, rendez-vous au **280**

► Si vous souhaitez mettre un terme à votre échange, rendez-vous au **12**

58

Jade vous remercie poliment, vous la sentez presque émue. C'est un bon point pour vous semble-t-il. Et effectivement c'est un très bon point pour votre rencontre qui commence à prendre forme. Collectivités, clients, fournisseurs, salariés du siège et des filiales, il ne vous reste qu'à voir ce qu'il est possible de faire avec les autres parties prenantes avec lesquelles vous avez travaillé récemment. Rendez-vous au **220**.

59

À bien y réfléchir, il vous apparaît clairement que vous ne pourriez naïvement inviter vos parties prenantes ni au Vietnam, ni au Maroc pour cette première fois. Mais sans avoir réussi à convaincre significativement vos partenaires du territoire ou à trop avoir dégradé votre image, il s'avère difficile de convoquer une assemblée des parties prenantes. En effet, difficile de prétendre que vous engagez un dialogue avec les parties prenantes si celles de première proximité en sont absentes. Vous décidez d'annuler la session multi-parties prenantes et votre projet s'interrompt là.

60

Vos partenaires d'affaires (vos clients et vos fournisseurs), des parties prenantes de premières importances, vont soutenir votre démarche. C'est de bon augure pour la suite de votre activité, vous avez réussi à bâtir une relation aussi constructive que possible étant donné votre activité et le type de partenaires que vous avez. La question est maintenant de savoir si vous bénéficierez du même soutien de la part des collectivités. Pour cela, rendez-vous au **98**.

---

13 Frederick Winslow Taylor (1856-1915) est un ingénieur américain, promoteur le plus connu de l'organisation scientifique du travail et du management scientifique (source : Wikipédia).

61

Apparemment le maire attendait cette rencontre pour vous rapporter l'avis favorable de son conseil municipal sur la base du pré-projet que vous leur avez soumis. Vous rangez le document dans votre porte-documents et vous gagnez 1 point d'éthique. Rendez-vous au **127**.

62

Le représentant de l'ONG finit par vous faire comprendre qu'ils ont un accord de partenariat avec l'État vietnamien pour l'amélioration de la qualité de l'eau dans le pays : « Notre métier ne consiste pas à dénigrer les organisations fautives, mais à les inciter à engager des projets d'amélioration ! » Vous parvenez à saisir cette occasion pour négocier un partenariat expérimental d'un an entre eux et Vitaljuices. Vous gagnez 1 point d'éthique. Vous rangez cet accord de partenariat avec *Water Care* dans votre porte-documents.

Satisfait du travail accompli, vous prenez vos dispositions pour rejoindre l'aéroport, puis la France. Rendez-vous au **26**.

63

Jeanne et Sandra se regardent d'un air entendu lorsque vous leur parlez de déclaration officielle. « C'est comme si c'était fait mon minet ! » vous lance Jeanne avec un regard en coin. L'ambiguïté est palpable. « Cherchez bien qui est sujet à harcèlement sexuel de la part de qui dans votre entreprise ! » vous avait-on expliqué lors une conférence, il y a quelques années. Vous chassez cette idée de votre esprit, vous regardez Jeanne droit dans les yeux et vous lui rappelez que « Cela DOIT être fait ! » Vous gagnez 1 point de système de management. Vous ne quittez pas Jeanne pour autant puisqu'elle vous accompagne auprès de Staffan qui est en charge des marchés BRICS. Rendez-vous au **219**.

64

C'est l'échec. Un « petit » versement supplémentaire à la Fondation Distribouf pour le développement et la solidarité et vous n'avez rien pu y faire. C'est Vitaljuices qui a maintenant besoin de solidarité. Un tel engagement vous conduit dans l'impasse et votre projet s'arrête là. La négociation n'est pas votre fort.

65

Tem prend très au sérieux la demande que vous lui faites. Il s'y attachera dès ce soir et vous adressera une première version par e-*mail* dans la nuit pour que vous puissiez la relire dès votre arrivée en France. Satisfait du travail accompli, vous prenez vos dispositions pour rejoindre l'aéroport, puis la France. Rendez-vous au **26**.

66

Vous avez décidé de mettre en place une action de concertation et de partage des valeurs avec le personnel. M. Mamouni, responsable syndical, craint la manipulation. Il vous demande un rendez-vous pour bâtir avec vous un accord de méthode.

- ► Si vous acceptez en y associant le DRH et les représentants du personnel, rendez-vous au **154**
- ► Si vous décidez de ne travailler qu'avec les cadres et les actionnaires qui vous semblent plus à même de définir les vraies valeurs et l'éthique de Vitaljuices MA, rendez-vous au **272**

67

Il y a quelques semaines, Les Saintes Nitouches (LSN) ont mis en ligne sur leur site leur *rating*[14] des entreprises du secteur au regard de leurs pratiques commerciales sur le terrain. Il apparaît, selon l'ONG, que des actes de corruption directe soient recensés sur plusieurs implantations à l'étranger, et en particulier sur la zone Brésil.

Jeanne vous explique très simplement qu'il faut se donner les moyens de ses objectifs : on n'entre pas sur un nouveau marché sans payer un ticket d'entrée.

- ► Si vous souhaitez affronter Jeanne sur ses pratiques afin de la convaincre d'infléchir sa position, rendez-vous au **183**
- ► Si vous préférez plus simplement lui imposer de mettre en place une formation et une procédure de prévention de la corruption, rendez-vous au **264**

68

Raphaël vous trouve injuste avec Shah Shah Shah, la voluptueuse star indienne : « Elle a fait grimper les ventes dans la semaine ! » « Et elle a fait aussi grimper les commentaires dans les journaux, ce dont nous ne sommes pas particulièrement fiers » lui répondez-vous. Après quelques minutes d'échange, la discussion devient stérile et vous concluez simplement en lui

14 Classement.

demandant un peu plus de vigilance sur les associations douteuses avec la marque. « Mais c'est vrai, les ventes ont augmenté » vous rappelez-vous satisfait. Vous perdez 1 point de capital image mais vous gagnez 1 point de capital économique.

Soulagé et content d'avoir bouclé le tour du *marketing*, vous quittez le bureau de Raphaël Lange pour retourner dans le vôtre et organiser votre déplacement au Vietnam. Rendez-vous au **262**.

69

L'idée du voyage au Vietnam a l'air de bien plaire à Albert : il s'y voit déjà.

C'est alors que vous vous souvenez de la stratégie évoquée par Vladimir Tachdenkr : une soirée avec « lit garni » pour Albert et quelques photos qui vous permettraient de gagner l'avantage en cas de besoin.

- ► Si vous souhaitez aller dans ce sens avec Albert, rendez-vous au **265**
- ► Si vous préférez recadrer la discussion sur l'audit interne, rendez-vous au **114**

70

À peine avez-vous lancé vos arguments que la réunion tourne court. Apparemment, le directeur commercial de Vina Mart n'attendait que cela pour rompre votre contrat de distribution.

Vous prenez conscience que vous venez de perdre un très gros atout sur la région. Vous perdez 5 points de capital économique. Si Vitaljuices VN ne dépose pas le bilan suite à cela, vous décidez d'aller vérifier sur le terrain pour contrôler la distribution de vos jus de fruits auprès des détaillants. Rendez-vous au **19**.

71

Vous allez devoir déterminer si votre rencontre est un succès :

• Représentant de *Water Care* •
Confiance interne : 6

- ► Si la rencontre est un succès, rendez-vous au **62**
- ► Si la rencontre est un échec, rendez-vous au **317**

72

Vous décidez de travailler sur votre sphère d'influence selon trois axes. Le premier axe consiste à partager les valeurs de respect du droit du travail et de la législation avec vos sous-traitants. Le deuxième axe est spécifique au respect des règles de travail concernant les enfants, notamment concernant les producteurs de fruits locaux (en partenariat avec l'État et des ONG). Le troisième axe consiste à agir sur les transports pour améliorer la conduite d'une part et diminuer la pollution d'autre part.

► Si vous donnez la priorité au respect du droit du travail et de la loi, rendez-vous au **130**

► Si vous souhaitez donner la priorité aux conditions de travail des enfants, rendez-vous au **102**

► Si vous donnez la priorité à la lutte contre la pollution avec les transporteurs, rendez-vous au **294**

73

Vous allez devoir déterminer si votre rencontre avec le directeur commercial de Vina Mart est un succès :

• Directeur commercial de Vina Mart •
Confiance interne : 5

► Si la rencontre est un succès, rendez-vous au **228**

► Si la rencontre est un échec, rendez-vous au **223**

74

Vous clôturez poliment les échanges et vous reprenez le contrôle de la réunion. C'est vous le « *boss* », ne l'oublions pas !

► Si vous souhaitez interroger Anh Thi sur l'intérêt d'une pause de deux heures prise sur le temps de midi qui a été octroyée aux salariés, rendez-vous au **271**

► Si vous préférez aborder le sujet de l'emploi féminin, rendez-vous au **280**

75

Votre difficulté à convaincre Mai sur ce sujet vous fait renoncer pour aujourd'hui. Vous perdez 1 point d'éthique mais vous vous promettez de remettre le sujet à l'ordre du jour dès que l'occasion se présentera. Il est temps d'aller rencontrer la DRH du site. Rendez-vous au **281**.

76

Après quelques minutes d'échanges quelque peu tendus, Jade interpelle un collaborateur qui passe et lui demande d'être témoin de vos échanges.

Vous allez devoir déterminer si cette rencontre est un échec ou un succès :

• Jade Lacégité, Représentante du personnel •
Confiance interne : 7

► Si la rencontre est un succès, rendez-vous au **283**

► Si la rencontre est un échec, rendez-vous au **47**

77

Vous allez devoir déterminer si votre manœuvre est un succès :

• Percepteur des taxes dues •
Confiance interne : 6

► Si la rencontre est un succès, rendez-vous au **156**

► Si la rencontre est un échec, rendez-vous au **53**

78

Après quelques coups de téléphone en interne, vous finissez par être convaincu que le distributeur stocke parfois vos briques de jus de fruits en extérieur lorsque les entrepôts sont pleins. Et parfois il fait chaud. Et parfois cela dure plusieurs semaines... Difficile dans ces conditions de garantir les qualités gustatives et sanitaires du produit. Mais heureusement cela n'arrive que rarement et l'action de l'association de consommateurs est finalement un bon aiguillon pour rester vigilant.

► Si vous décidez de traiter ce souci de distribution avec la direction commerciale, rendez-vous au **282**

► Si vous préférez rappeler ce client qui attend depuis plusieurs semaines, rendez-vous au **243**

► Si vous préférez appeler votre assistante pour confirmer les détails de votre déplacement auprès de la filiale marocaine, rendez-vous au **38**

79

Vous demandez à Tem de régler directement la taxe due, il vous semble qu'il est inutile de négocier. Le fonctionnaire encaisse votre règlement et vous délivre une attestation de paiement de vos taxes que vous rangez dans votre porte-documents. Rendez-vous au **166**.

80

Hang vous explique : « La suppression des filtres de sortie des eaux de nettoyage a permis de raccourcir le temps de nettoyage des machines entre le traitement de deux pulpes de fruit différentes. Les filtres se bouchaient trop souvent avec la pulpe et on perdait beaucoup de temps à les nettoyer. Au Vietnam, aucune législation n'interdit de rejeter de la pulpe de jus de fruits à l'extérieur de l'usine. »

► Si vous insistez pour remettre ces filtres en place, rendez-vous au **23**

► Si vous demandez la mise en place d'un chantier *Kaizen*[15] sur le sujet, rendez-vous au **242**

► Si vous mandatez Tem pour qu'une veille réglementaire soit mise en place sur le sujet, rendez-vous au **305**

81

À votre grande surprise, Jade est ravie de votre initiative. Elle, qui est d'habitude si tendue dans ses relations avec la hiérarchie, approuve votre projet. Elle se propose en plus de fédérer les représentations des deux filiales pour que cette rencontre soit un succès partagé. Bien sûr, il va de soi que la direction de Vitaljuices France s'assurera que deux représentants de chaque filiale « et pas des directeurs ! » seront présents et que leurs frais seront pris en charge.

► Si vous acceptez la proposition de Jade, rendez-vous au **58**

► Si vous refusez poliment et souhaitez conserver la main, rendez-vous au **50**

82

À votre arrivée dans son bureau, Mai Chuh vous accueille chaleureusement (comme elle le ferait pour tout responsable venu d'Europe). Son bureau regorge d'échantillons de pulpe de toute sorte : mangue du nord du pays, artichaut, fruit du dragon, litchi, longane... Le Vietnam produit vraiment des fruits fabuleux. Mai commence à évoquer la qualité des pulpes de litchi reçues ces dernières semaines.

► Si vous décidez de mettre l'accent sur le besoin impératif d'une amélioration de la qualité des pulpes entrantes, rendez-vous au **238**

► Si vous demandez à Mai où en est le programme de réduction des coûts engagé il y a cinq mois, rendez-vous au **184**

► Si vous évoquez avec Mai la possibilité d'un partenariat avec certains fournisseurs dans le but d'élaborer une charte RSE fournisseurs, rendez-vous au **270**

....

15 Amélioration continue.

82 La brique de jus d'artichauts Vitaljuices VN

83

Comme vous avez su faire émerger un consensus avec vos distributeurs, vos fournisseurs sont prêts à co-organiser l'événement en votre compagnie. Patrice vous proposera même une charte graphique en lien avec le message que vous souhaitez véhiculer le jour dit. La question est maintenant de savoir si vous bénéficierez du même soutien de la part de vos collectivités. Pour cela rendez-vous au **98**.

84

Au risque de maltraiter le peu de capital qui vous reste, vous décidez de confirmer votre décision de lancer la rencontre. Mais pour y parvenir, il faudrait que vos partenaires d'affaires souhaitent s'associer au projet (et faire leur propre promotion, vous n'êtes pas naïf).

- ► Si vous avez dans votre porte-documents un cahier des charges fournisseurs, un contrat de *designer* et un contrat de distribution, rendez-vous au **9**
- ► Sinon, rendez-vous au **150**

85

À bien y réfléchir, il vous apparaît clairement que vous ne pourriez naïvement inviter vos parties prenantes au Vietnam ou au Maroc pour cette première rencontre. Or, sans avoir réussi à convaincre significativement vos partenaires territoriaux ou si votre image est trop dégradée, il s'avère difficile de convoquer une assemblée de parties prenantes. En effet, comment prétendre que vous engagez un dialogue avec les parties prenantes si celles de première proximité en sont absentes ? Vous décidez d'annuler la session multi-parties prenantes et votre projet s'achève ici.

86

Difficile de trouver un consensus quand les objectifs diffèrent autant ! Les exigences ambiguës de votre interlocuteur vous conduisent à ajourner le partenariat. Vous allez réfléchir à tête reposée pour cerner ce que vous pourriez mettre en place sans entrer dans le jeu du chargé d'action culturelle. Rendez-vous au **320**.

87

Il vous apparaît clairement que vous ne pourriez naïvement inviter vos parties prenantes au Vietnam ou au Maroc pour cette première rencontre, ce serait une attitude un peu déplacée. Par contre, si l'expérience est un succès, alors oui, il faudra conduire une deuxième opération, d'ici un an par exemple. Votre réflexion vous conduit à une conclusion assez évidente : le site de Carpentras paraît la meilleure option. Le programme semble se dessiner spontanément devant vous : une rencontre pas trop longue mais bien dynamique basée sur les objectifs visés et les retours d'expérience associés. À l'issue de la rencontre, une visite du site puis une soirée conviviale, ludique, mais sans excès. Que les participants gardent une bonne impression, voilà le but. Si déjà vous parvenez à cela c'est gagné et cela vous autorisera à reconduire l'opération. Peut-être même que le maire sera honoré que Carpentras accueille cet événement ? Ce sera sans doute une première pour ce genre de rencontre. Et associer localement la CCI, c'est un gage pour que cette dernière se rende disponible.

Pour déterminer si vous avez les moyens de vos ambitions, vous vous penchez sur le plan de financement et le management de l'événement.

► Si votre capital économique et votre système de management sont supérieurs à 2, rendez-vous au **16**

- ► Si votre capital économique **ou** votre système de management est inférieur ou égal à 2, rendez-vous au **221**
- ► Si votre capital économique **et** votre système de management sont inférieurs ou égaux à 2, rendez-vous au **192**

88

Non, il n'a pas eu le temps de voir qui que ce soit ce soir car il était retenu en réunion sur un sujet d'importance et il vient seulement de rejoindre son bureau. Il vous invite à le retrouver plus tard au cours de la manifestation. Rendez-vous au **226**.

89

Gervais vous présente Patrice, *designer* de son métier, qui souhaite vous faire part de son approche concernant votre produit et sa perception des capacités cognitives de l'utilisateur de la brique. Depuis des années, il rêve de pouvoir être impliqué dans un travail de conception de packs innovants et de systèmes d'ouvertures intuitifs. Selon lui, on constate trop souvent l'abandon de projets non pour des motifs techniques, mais pour des motifs humains, culturels ou de capacité cognitive des utilisateurs.

- ► Si vous souhaitez aller plus loin dans l'échange avec Patrice, rendez-vous au **251**
- ► Sinon, vous pouvez aller confirmer votre vol pour le Vietnam, rendez-vous au **35**

89 Patrice, *Designer*

90

Les représentants et les délégués du personnel sont tous présents, l'ambiance est houleuse. Des tracts ont circulé dans l'usine. Ils demandent une réunion de l'ensemble des collaborateurs et menacent d'une grève si les conventions collectives ne sont pas immédiatement signées.

- ► Si vous déclarez : « Je comprends votre impatience et de ce fait, je suis content de vous annoncer que la convention sera signée ! Mais j'ai aussi décidé de participer au label social CGEM. Et conformément à mon choix d'adhérer à ce programme, cette décision sera l'un de mes premiers actes dans ce sens ! », rendez-vous au **263**
- ► Si vous dites que : « Cette convention est une bonne chose. Mais je n'en ai pas encore les moyens. Ma priorité cette année reste donc la mise à niveau de l'outil de production. Si cet outil continue à se dégrader – et l'exemple du mélangeur est flagrant – c'est l'avenir de l'usine qui est menacé ! », rendez-vous au **241**

91

Vous entamez la rédaction de votre *e-mail* de réponse en lui expliquant que Jade vous a de nouveau posé problème à la sortie du comité de direction. Les difficultés semblent s'amonceler à ce sujet : on signale une légère hausse des accidents du travail sur le site vietnamien, plusieurs salariés sont en arrêt parce qu'ils « ne supportent plus la pression » et maintenant que la décision est tenue d'affronter le sujet du stress, les salariés tergiversent sur le cabinet à missionner. Il vous faut démarrer cette étude sur le stress.

- ► Si vous proposez à Jean Rage de faire pression sur Jade pour qu'elle signe, rendez-vous au **269**
- ► Si vous proposez à Jean Rage de motiver Jade grâce à une prime à la signature de l'accord, rendez-vous au **99**
- ► Si vous décidez de « laisser tomber » et vous dites que le problème se réglera comme à son habitude, rendez-vous au **222**
- ► Si vous proposez de lancer l'étude sur le stress sans attendre un hypothétique avis des salariés, rendez-vous au **297**

92

La direction du groupe accueille mal votre demande, l'image de marque du groupe est mise à mal par des communications sur Facebook faisant état de votre non-respect du droit du travail. La direction générale vous en tient pour responsable et vous signifie que Vitaljuices MA devra assumer seule le surcoût. Seul un prêt de trésorerie pourra être consenti sur deux ans. Vous perdez 1 point de capital économique.

Après cet épisode, votre mission au Maroc touche à sa fin, il est temps pour vous de rentrer en France. Rendez-vous au **229**.

93

Vous avez créé des espaces de dialogue pour prendre en considération les attentes des collaborateurs et vous décidez de vous lancer avec eux dans une intégration forte de la responsabilité sociétale, ce qui vous semble une idée fédératrice.

- ► Si vous démarrez en lançant une réflexion sur les valeurs et l'éthique que Vitaljuices MA a intérêt à mettre en place pour se renforcer en interne et pour avoir une bonne image en externe, rendez-vous au **66**
- ► Si vous décidez de démarrer par un traitement irréprochable des consommateurs, rendez-vous au **122**
- ► Si vous décidez de démarrer par une approche des pratiques loyales dans les affaires, rendez-vous au **25**
- ► Si vous décidez de confier la gestion des actions en faveur des communautés et des collectivités locales à une association que vous créez avec les collaborateurs, la Fondation Vitaljuices, rendez-vous au **301**

94

Le maire est ravi de cette rencontre et il revient à peine sur les discours officiels. Ce qui l'intéresse, ce sont les progrès prévus concernant la nouvelle unité de lavage dont l'implantation est prévue sur sa commune. Vous lui présentez les dernières améliorations apportées au projet : consommation d'eau optimisée, 90 % de recyclage envisagé, indice de pollution hydrique réduit de 30 %... et surtout quatre emplois créés ! Vous allez devoir déterminer si cette rencontre est un échec ou un succès :

• Maire de Jacinthe-la-Jolie •
Image externe : 7

- ► Si la rencontre est un succès, rendez-vous au **61**
- ► Si la rencontre est un échec, rendez-vous au **214**

95

La distribution gratuite de jus de fruits Vitaljuices par la star « bollywoodienne » Shah Shah Shah a fait grand bruit dans la presse de Bombay. Non pas à cause du jus de fruits, mais plutôt en raison de la réputation sulfureuse de la star qui aime à s'exhiber en public... un peu trop d'ailleurs au goût de certains conservateurs locaux qui ne partagent pas forcément la même vision d'avenir pour l'Inde.

► Si vous souhaitez proposer à Staffan de trouver une autre personnalité locale à l'éthique moins contestée, rendez-vous au **125**

► Si vous lui suggérez plutôt de provisionner d'éventuels frais de justice si le distributeur local était attaqué par ses détracteurs en raison de la campagne de promotion en cours, rendez-vous au **255**

96

Gervais Byenfrès vous reçoit dans son bureau où traînent des dizaines d'emballages de briques Vitaljuices aux formes les plus hallucinantes. Il y a même un modèle en forme de citrouille prévu pour Halloween. Vous n'en aviez jamais entendu parler et vous êtes perplexe quant au stockage... sans parler du goût du jus de citrouille. Votre estomac se noue rien qu'à l'idée de goûter ce breuvage. Ce que Gervais veut vous montrer, c'est un nouveau *packaging*. Au lieu d'une brique rectangulaire, il vous tend une brique hexagonale, six faces verticales sur les côtés, deux faces plates dessus et dessous : « La contenance reste inchangée, le positionnement dans les cartons est facilité et surtout la résistance à l'écrasement vertical est renforcée car les packs forment entre eux une structure alvéolaire rigide. »

► Si vous souhaitez quand même voir ce que l'on peut tirer de cette idée, rendez-vous au **135**

► Si par contre vous voulez vous concentrer sur les vrais problèmes de pollution éventuelle causés par le plastique des emballages et clarifier vos doutes avec Gervais, rendez-vous au **279**

97

Pour parvenir à saisir la meilleure façon d'aborder le volet social, vous faites le bilan de vos acquis sur ce terrain :

► Si vous possédez dans votre porte-documents un accord officiel des représentants du personnel pour conduire une étude et un plan d'action social dans un délai de deux ans à destination de vos collaborateurs marocains, rendez-vous au **322**

► Si vous possédez dans votre porte-documents un accord officiel des représentants du personnel pour conduire une étude et une charte éthique à destination de vos collaborateurs marocains, rendez-vous au **4**

- ▶ Si vous ne possédez que l'un de ces trois documents et que votre confiance interne est supérieure à 2, rendez-vous au **30**
- ▶ Dans tous les autres cas, rendez-vous au **51**

98

Vu l'ampleur des territoires sur lesquels Vitaljuices est implanté, il va bien falloir choisir un lieu de rencontre.

- ▶ Si vous avez dans votre porte-documents la lettre de soutien de la CCI et que votre capital image est supérieur à 2, rendez-vous au **117**
- ▶ Si votre capital image est inférieur ou égal à 2, rendez-vous au **59**
- ▶ Si votre capital image est supérieur à 2 mais que vous n'avez pas la lettre de soutien de la CCI dans votre porte-documents, rendez-vous au **179**

99

Vous rédigez consciencieusement votre *e-mail* de réponse à Jean. Vous lui précisez bien les limites dans lesquelles il pourra octroyer la prime, mais en lui rappelant bien l'objectif : lancer l'étude dès que possible. Vous perdez 1 point d'éthique et 1 point de capital économique en distribuant la prime.

Après quelques coups de téléphone pour engager les affaires courantes, vous appelez votre assistante pour confirmer les détails de votre déplacement auprès de la filiale marocaine, rendez-vous au **291**.

100

Après avoir recompté les billets, un policier redescend votre scooter de la camionnette et vous rend les clés. Vous êtes libre. Vous perdez cependant 1 point de capital économique et 1 point d'éthique. Vous rentrez à l'hôtel pour vous remettre de vos émotions. Rendez-vous au **34**.

101

Le label CGEM se met en place. Votre interlocuteur RH vous présente le plan de vigilance contre la discrimination en interne et le respect des textes réglementaires.

- ▶ Si vous demandez à ce que tous les collaborateurs soient associés à la démarche, rendez-vous au **7**
- ▶ Si vous souhaitez élargir ces exigences, au moins pour ce qui est de la partie réglementaire, à vos sous-traitants et à vos fournisseurs industriels locaux, rendez-vous au **105**

102

Le travail des enfants concerne principalement les producteurs d'agrumes. ces derniers ne sont pas vos fournisseurs directs car vous passez par des coopératives agricoles et des courtiers pour vos achats.

Vous profitez de la Foire agricole du grand Rharb pour rencontrer les quatre principales coopératives qui regroupent 80 % de vos achats. Le ministre de l'Agriculture est présent. Vous proposez une action concertée sur cinq ans visant à ce que les agriculteurs respectent la limite d'âge légale et maintiennent *a minima* un cursus scolaire à mi-temps dans les trois ans qui viennent.

Ce programme serait compliqué à mettre en œuvre car pour les agriculteurs cette main-d'œuvre est gratuite. Une étude est lancée pour analyser le surcoût à la tonne si la cueillette est effectuée par des ouvriers adultes payés et pour voir comment compenser les manques à gagner. Une feuille de route tripartite est créée, vous gagnez 1 point en confiance interne.

Mais vous n'oubliez pas qu'il faut s'assurer que les fournisseurs respectent aussi la loi. Rendez-vous au **130**.

103

Au bout de quelques minutes, plusieurs clients vous entourent et la discussion s'emballe. Vous allez devoir déterminer si votre rencontre avec les clients est un succès :

• Clients dans la rue de Dalat •
Confiance interne : 4

► Si la rencontre est un succès, rendez-vous au **287**

► Si la rencontre est un échec, rendez-vous au **180**

104

Vos partenaires d'affaires (vos clients et vos fournisseurs), des parties prenantes de première importance, vont soutenir votre démarche. C'est de bon augure pour la suite de votre activité. Vous avez réussi à construire une relation aussi constructive que possible étant donné votre activité et le type de partenaires avec lesquels vous traitez. La question est maintenant de savoir si vous bénéficierez du même soutien en interne. Pour cela, rendez-vous au **232**.

105

Vous êtes déterminé à mettre en œuvre une politique de responsabilité sociétale avec les parties prenantes clients, fournisseurs et partenaires. Vous effectuez une identification des parties prenantes avec les collaborateurs et un consultant externe.

- ► Si vous décidez de donner la priorité aux clients et de vous contenter de vous assurer du respect des lois et des contrats avec les fournisseurs, rendez-vous au **130**
- ► Si vous décidez de bâtir un plan global de management des parties prenantes basé sur la prise en considération de ces dernières dans leur globalité, rendez-vous au **154**
- ► Si vous décidez de travailler sur votre sphère d'influence exclusivement, rendez-vous au **196**

106

Dung et la commerçante se mettent à discuter de votre projet et vous sentez que les arguments contre votre proposition l'emportent rapidement : manque de place, coût des meubles ou du réfrigérateur de stockage...

- ► Si dans le cadre de ce programme, vous proposez d'offrir le mobilier de stockage ou le réfrigérateur pour ce type de petit commerçant, rendez-vous au **198**
- ► Si vous préférez ne pas insister et engager la conversation avec Dung sur le sujet des réclamations clients, rendez-vous au **175**

107

Le chargé d'action culturelle reconnaît l'intérêt de votre engagement sur le long terme et signe avec vous la nouvelle convention de mécénat que vous rangez dans votre porte-documents. Vous perdez 1 point de capital économique mais vous gagnez 1 point de système de management et 1 point d'éthique. Rendez-vous au **320**.

108

C'est sans doute la dernière fois que vous acceptez une telle proposition. Jeanne est déconfite, elle n'en croit pas ses oreilles : « À ce prix-là, on est mort ! » Et c'est effectivement ici que s'arrête votre projet.

109

Votre présentation est un succès. On vient vous féliciter et vous accompagner vers l'espace des rencontres individuelles. Vous apercevez le maire de Jacinthe-la-Jolie qui discute non loin de vous. Par ailleurs, le secrétaire de votre syndicat patronal semble chercher à vous rencontrer.

► Si vous décidez d'aller à la rencontre du maire, rendez-vous au **94**

► Si vous vous dirigez vers le secrétaire du syndicat patronal, rendez-vous au **37**

110

Avant son départ, votre DRH vous propose de régler les affaires courantes les plus urgentes en fonction de ce qui a été décidé avec l'inspecteur du travail, à savoir le respect des textes réglementaires pour les salaires des techniciens et des saisonniers ainsi que la remise en état des locaux.

► Si vous acceptez de mettre immédiatement cela en place, rendez-vous au **169**

► Si vous décidez d'attendre la prise de poste d'un nouveau DRH, rendez-vous au **200**

111

Entre le fonctionnaire qui encaisse les taxes d'enregistrement, celui qui procure les certificats tamponnés et le « facilitateur » de rendez-vous, Vladimir chiffre à 18 mois de salaire du fonctionnaire russe le coût pour la licence d'exploitation. « C'est un bon prix, et de toute façon on ne l'aura pas autrement ! » complète Vladimir. Vous allez devoir déterminer si cette rencontre est un succès ou un échec :

• Vladimir Tachdenkr, Consultant en implantations délicates •
Capital image : 5

► Si la rencontre est un succès, rendez-vous au **274**

► Si la rencontre est un échec, rendez-vous au **159**

112

Hang, le « patron production », vous présente alors une courbe de l'évolution des accidents du travail sur le site de Dalat. D'un mois sur l'autre, le nombre d'accident double ou diminue de 30 % sans qu'une quelconque tendance puisse se dégager. Vous avez l'impression que l'on mesure un phénomène aléatoire. Une chose est sûre, c'est que la maîtrise de ce sujet n'est pas à l'ordre du jour.

► Si vous souhaitez évoquer votre intention d'élaborer un indicateur commun pour tous les sites et d'agréger un indicateur centralisé à Carpentras, rendez-vous au **45**

► Si vous préférez approfondir la manière dont sont appréhendés les autres indicateurs sur les conditions de travail, rendez-vous au **193**

113

Puisque vous n'avez plus aucun soutien sur le plan de l'environnement et que votre activité ne se préoccupe que peu de ces questions, il n'y a pas vraiment de raison valable d'aller plus loin dans votre projet.

Vous n'avez aucun argument qui puisse être opposable aux propos qui seront tenus lors de la réunion collective que vous envisagiez. Inutile d'aller à l'échec et au « flagrant délit ». Votre projet s'arrête ici.

114

Albert vous explique – vous avez apparemment besoin d'explication vu l'ahurissement qui se lit sur votre visage – que le budget prévu pour son séjour touristique peut très bien être réaffecté à la fondation d'entreprise pour le développement et la solidarité. La fondation intervient en proximité directe de certains des sites de distribution pour assurer le transport des collaborateurs et parfois la mise en place d'une infirmerie locale. L'idée vous vient de lui proposer une alternative qu'il va sans doute refuser : un soutien à l'ONG *WWF*[16] en lieu et place de la Fondation Distribouf.

► Si vous préférez accepter la proposition d'Albert de financer la Fondation Distribouf, rendez-vous au **5**

► Si vous préférez tenter de proposer une alternative avec l'ONG *WWF*, rendez-vous au **312**

115

Au bout d'une heure de travail, vous avez identifié les quatre fournisseurs avec lesquels Mai va constituer un groupe de travail et vous avez validé avec elle le cahier des charges pour l'élaboration de cette charte. Vous gagnez

16 *World Wide Fund :* fonds mondial pour la nature.

1 point d'éthique et vous mettez ce cahier des charges dans votre porte-documents. Il est temps d'aller rencontrer la DRH du site. Rendez-vous au **281**.

116

Gervais partage bien votre avis : « Une bouteille de jus de fruits contient déjà tant de substances chimiques qu'il est sans doute impossible d'y identifier une hormone plutôt qu'une autre. » Vous perdez cependant 1 point de réserve environnementale disponible et 1 point d'éthique.

Vous pensez cette fois-ci avoir enfin fini le tour de la direction *marketing*, mais c'était sans compter sur une magnifique affiche que vous découvrez placardée sur la porte du « chef de pub », Raphaël Lange. L'affiche présente une femme, vraisemblablement originaire d'Afrique centrale. Elle est obèse et consomme une petite brique de jus d'orange Vitaljuices enrichi en sucre et en vitamines. Cette femme souriante et épanouie donne vraiment envie dans la posture qui la présente. Ce message est clair : ce jus de fruits assure, au même titre que l'obésité affichée par cette femme, un signe extérieur d'opulence. Cette caricature vous capte, vous interroge et vous conduit à pousser la porte de Raphaël qui est justement dans son bureau. Apparemment, les stéréotypes féminins sont le sujet de ses travaux du moment à en croire les projets d'affiches qui couvrent les murs et sa table de réunion.

- ► Si vous souhaitez rappeler à Raphaël les difficultés que vous a causé la campagne en Inde, rendez-vous au **68**
- ► Si vous abordez l'usage délicat qu'il fait parfois des sujets discriminatoires, rendez-vous au **28**
- ► Si vous lancez l'échange sur la prise en compte du retour assez négatif des associations de consommateurs sur certaines actions de *marketing* direct, rendez-vous au **236**

117

Associer la CCI est évidemment une bonne idée, mais pour ne pas faire de jaloux et garantir une bonne intégration territoriale, peut-être conviendrait-il d'associer une collectivité.

- ► Si vous avez un avis favorable du conseil municipal ou l'attestation du paiement de vos taxes au Vietnam dans votre porte-documents, rendez-vous au **171**
- ► Sinon, rendez-vous au **318**

118

Vous commencez par expliquer qu'on ne peut pas mettre davantage de pression sur ce distributeur au risque de le perdre et que, d'un autre côté, il serait bien difficile de contrôler le stockage de tous vos distributeurs. Les avis divergent et votre discussion ne mène à rien.

Vous finissez par appeler votre assistante pour confirmer les détails de votre déplacement auprès de la filiale marocaine, rendez-vous au **38**.

119

Vous êtes sur une rue assez large à double sens et ce que Dung vous désigne du doigt, c'est un groupe de policiers en uniforme beige qui contrôlent la circulation.

- ► Si vous souhaitez prendre une petite rue sur la gauche pour éviter de passer devant la police, rendez-vous au **298**
- ► Sinon, vous continuez votre route et vous passez devant les policiers, rendez-vous au **211**

120

Les policiers n'ont pas l'air de plaisanter. L'un d'entre eux se glisse dans votre dos et vous force à aller vous asseoir à l'arrière de la camionnette.

- ► Si vous demandez à Dung d'intervenir, rendez-vous au **168**
- ► Si vous préférez tenter de vous faire comprendre, rendez-vous au **321**

121

Après un examen minutieux de la liste de ses fournisseurs de pulpe, Mai pense en avoir identifié deux qui pourraient jouer le jeu et mieux filtrer les jus chez eux, à condition de leur garantir un volume d'achat suffisant sur l'année. Vous gagnez 1 point de système de management.

- ► Si vous souhaitez quand même évoquer la possibilité d'une charte RSE fournisseur, rendez-vous au **270**
- ► Sinon, vous prenez le chemin du bureau de la DRH à l'issue de l'entretien, rendez-vous au **281**

122

Vous avez décidé d'être irréprochable coté consommateurs. Pour vous aider, vous convoquez le service *marketing* avec Leila Bennis et le service juridique avec Hassan Bendaoud. La loi marocaine en matière de défense des consommateurs vient juste d'être adoptée et votre implication dans le respect de la légalité est donc attendue. Après une analyse, vous constatez qu'il n'y a qu'un point seul à améliorer : l'étiquetage qui ne respecte pas entièrement les exigences d'information sur le produit.

Leila Bennis vous dit : « Il faut aussi se positionner en regard de ce que fait la concurrence : des étiquettes complètes mais aussi des étiquettes en amazigh, la langue berbère ! Je propose de se différencier en mettant des informations sous formes de pictogrammes pour les personnes encore nombreuses qui ne savent pas lire ! » Il s'ensuit un véritable *brainstorming* dont ressort un nouvel étiquetage complet.

Des informations sur les apports et sur la composition des jus de fruits seront également transmises sous la forme de bandes dessinées à suivre. Par ailleurs, chaque achat abondera un fonds « cadeaux » au profit d'associations humanitaires. « Même chez Moufdi, l'un de nos partenaires pour tester les nouveaux produits, ils vont être surpris de cette avancée ! » conclut Leila Bennis. Vous gagnez 1 point de capital image. Rendez-vous maintenant au **154** pour poursuivre votre réflexion sur les parties prenantes.

122 Le café « Chez Moufdi »

123

Tem voit bien à votre air gêné que vous ne partagez pas son point de vue. Il ne s'en offusque pas et vous explique qu'il soutient son pays dont il est très fier. Vous comprenez aussi à demi-mot qu'il milite activement au service du parti politique en place. C'est tout à son honneur. Tem vous laisse alors le choix :

- ► rencontrer d'abord le chargé d'action culturelle pour évoquer une action de mécénat, rendez-vous au **148**
- ► passer au bureau de la perception des taxes dues pour quelque chose qu'il voudrait contester, rendez-vous au **275**

124

« Ce n'est pas la première fois que vous me tenez ce discours, Jade, c'est la même chose à fois. Comme si cela vous faisait plaisir que certains salariés ne soient pas bien dans leur poste de travail ces temps-ci ! Mais à la longue c'est une position qui n'est pas tenable, ni pour vous ni pour la direction. » Jade vous répond : « Seule la grève pourra résoudre certaines difficultés de dialogue, mais des salariés raisonnables et professionnels ne s'y résolvent pas aussi facilement. Le syndicat le rappelle d'ailleurs assez souvent ! » Elle vous quitte comme elle vous a rejoint et vous ressentez quelque chose qui ressemble à un rendez-vous manqué. Vous perdez 1 point de confiance interne. Rendez-vous au **249**.

125

L'Inde est un pays qui ne manque pas de personnalités et Staffan pourrait s'engager à trouver d'autres ressorts locaux pour amplifier le mouvement de démarrage de ce marché. Mais il refuse, arguant que l'investissement a déjà été trop important pour faire marche arrière.

- ► Si vous acceptez cette position, vous quittez Staffan en vous demandant si vous avez fait le bon choix, rendez-vous au **273**
- ► Si vous souhaitez néanmoins lui proposer de provisionner d'éventuels frais de justice au cas où le distributeur local serait attaqué par ses détracteurs en raison de la campagne de promotion en cours, rendez-vous au **255**

126

Hum… Il va devenir difficile de défendre votre position sur le plan du respect de l'environnement ! À défaut d'avoir pu négocier un accord avec une ONG, êtes-vous parvenu à sauver votre certification ISO 14001 ?

- Si vous possédez encore votre certification ISO 14001 et que votre réserve environnementale disponible est de 4 ou plus, rendez-vous au **176**
- Sinon, rendez-vous au **113**

127

La fin de soirée est sans grand intérêt de votre point de vue. Il se fait tard et demain, vous prenez l'avion tôt pour le Maroc. Vous quittez la CCI en remerciant et en saluant ceux qui sont encore présents. Rendez-vous au **38**.

128

Vous étudiez le problème du stockage avec votre responsable achat et stockage et le responsable financier, Atou Major. Dès le lendemain, vous rencontrez la société de construction. En agrandissant le hangar de stockage, vous prenez en compte la qualité finale du produit et vous pourrez respecter sans problème les exigences réglementaires liées au stockage. Vous gagnez 1 point de réserve environnementale mais vous perdez 1 point de confiance interne des salariés qui avaient rendez-vous avec vous. Rendez-vous au **286**.

129

Vous allez devoir déterminer si cette rencontre est un succès ou un échec :

• Albert Lambert, Acheteur jus de fruits chez Distribouf •
Capital image : 6

- Si la rencontre est un succès, rendez-vous au **173**
- Si la rencontre est un échec, rendez-vous au **185**

130

Vous décidez de faire respecter le droit du travail pour l'ensemble de vos sous-traitants et de vos fournisseurs. Pour cela vous demandez à Abdelhak Bourichi, responsable des achats, de faire un état des sous-traitants et de faire calculer le coût induit par un meilleur respect de la loi. Le résultat est assez édifiant : le surcoût pour les transporteurs serait de 7 % et celui de l'ensemble des prestataires de services (entretien des locaux administratifs, des locaux industriels, des abords de l'usine, des allées d'accès, des jardins d'accueil, des murs d'enceinte et intérieurs, maintenance du parc machines et véhicules, etc.) de 3 % par litre de jus de fruits vendu. Et encore, le calcul ne prend pas en compte les exigences en matière de respect des contrôles techniques et de pollution.

L'enjeu est énorme. Vos concurrents se répartissent en deux groupes : ceux qui ont intégré ce surcoût en améliorant leur productivité et ceux qui ont décidé de continuer sans rien faire. Ces derniers représentent plus de 40 % de parts de marchés. Le responsable de production vous dit qu'il pourra améliorer la production de 4 % à 5 % en trois ans si vous investissez dans une amélioration de la chaîne de production sur la partie conditionnement.

Le responsable achats vous dit, pour sa part, qu'il est possible de trouver d'autres fournisseurs pour le gardiennage et l'entretien mais que le surcoût sera quand même de 2 %. Pour ce qui est des transporteurs, changer représente une réelle prise de risques : il faudrait passer d'une organisation très souple basée sur des petits transporteurs indépendants à une grosse société qui assurerait le tout, soit un surcoût de 3 %.

► Si vous décidez de vous lancer, rendez-vous au **141**

► Si vous décidez d'attendre et d'organiser d'abord votre politique de responsabilité sociétale, rendez-vous au **272**

131

Cela fait plusieurs années que vous menez une action de soutien à l'artisanat dans un petit village des collines avoisinantes. Votre présence a pour but de confirmer ce partenariat et d'assurer une continuité de l'action sur le long terme. Le représentant du comité populaire aurait préféré réorienter votre financement vers l'un de ses amis artistes. Vous allez devoir déterminer si votre rencontre est un succès :

• Chargé d'action culturelle du comité populaire •
Capital image : 7

► Si la rencontre est un succès, rendez-vous au **107**

► Si la rencontre est un échec, rendez-vous au **86**

132

Jade profite de l'occasion pour vous rappeler que « les représentants du personnel devaient se prononcer sur le choix du prestataire pour la réalisation d'une étude sur le stress et les conditions de travail sur l'unité de production de Carpentras ». Elle vous remet l'accord officiel des représentants du personnel pour conduire l'étude avec le cabinet que vous aviez envisagé. Vous rangez cet accord dans votre porte-documents puis vous rejoignez votre bureau. Rendez-vous au **249**.

133

Au risque de diminuer un peu votre capital économique, vous décidez de confirmer votre décision de lancer la rencontre. Mais peut-être que l'un de vos partenaires d'affaires souhaitera-t-il s'associer au projet (et faire sa propre promotion, vous n'êtes pas naïf).

- ► Si vous avez dans votre porte-documents un cahier des charges fournisseur et un contrat de distribution, rendez-vous au **315**
- ► Si vous avez dans votre porte-documents un cahier des charges fournisseur et un contrat de *designer*, rendez-vous au **256**
- ► Si vous avez dans votre porte-documents un contrat de distribution et un contrat de *designer*, rendez-vous au **290**
- ► Si vous avez dans votre porte-documents les trois documents, rendez-vous au **104**
- ► Si vous n'avez aucun ou un seul des trois documents, rendez-vous au **150**

134

Lors de la réunion de l'équipe de production, vous écoutez les avis du responsable de maintenance, Mohamed Laroussi, et du responsable du stockage, Hassan El Boury. Mohammed est très inquiet concernant les problèmes de mélangeurs : « Cela plombe les performances de la production. Je ne suis pas non plus satisfait des prestataires sous-traitants qui interviennent sur la machine pour la partie moteurs de puissance ! Je vous signale aussi que le personnel de cette société n'est pas déclaré et qu'il y a déjà eu deux petits accidents, qui ont nécessité que Vitaljuices MA fasse intervenir un médecin ! Et cela a été à mes frais puisque cela s'est déroulé dans le cadre de l'entreprise. L'assureur n'a rien voulu prendre en charge compte tenu de la carence de déclaration du sous-traitant, la société de maintenance ELC du Maroc... Et tant qu'on y est, je vous informe que l'été dernier, trois barils de pulpe stockés dehors ont explosé. Il n'y a pas eu de dégâts mais quel nettoyage ! Les caristes sont inquiets, ils ne veulent plus manipuler les barils par forte chaleur. Deux fournisseurs dont les clients ont été malades ont porté plainte. Même si l'utilisation de pulpe détériorée par la chaleur n'a pu être prouvée, nous n'avons pas pu assurer une traçabilité complète concernant les barils stockés en extérieur. Le bâchage des fûts n'est pas une solution efficace contre la chaleur. Cela entraîne un surcroît de travail dû à la manipulation des bâches. La possibilité de disposer d'une aire de stockage plus grande permettrait de mieux ajuster des achats qui se feraient au meilleur cours. »

- ► Si vous décidez de donner la priorité à l'agrandissement du local de stockage, rendez-vous au **128**
- ► Si vous décidez de mettre en place une maintenance de premier niveau en responsabilisant les opérateurs à la surcharge du mélangeur, rendez-vous au **144**

135

Vous exposez à Gervais le premier inconvénient que vous voyez : « L'idée me semble intéressante, mais on perd du volume dans les cartons quand on les prépare pour l'expédition. » Celui-ci vous répond : « Au contraire, c'est une solution à deux autres difficultés rencontrées jusque-là : le poids excessif des cartons qui est source de pénibilité pour la manutention et, d'autre part, la possibilité de faire des ouvertures sous forme de poignées sur les côtés du carton, chose impossible à faire jusque-là et qui améliore ainsi l'ergonomie pour celui qui porte les cartons. »

- ► Si vous souhaitez lui demander quels sont les gains économiques de son idée, rendez-vous au **152**
- ► Si vous souhaitez voir comment protéger l'idée, rendez-vous au **215**
- ► Si vous estimez avoir assez perdu de temps au *marketing*, rendez-vous au **35**

136

Il est 10h30 : cela fait une demi-heure que vous attendez Janane, la directrice commerciale. Celle-ci arrive enfin tout sourire, mais l'air un peu fatigué. Elle rentre en vous assenant : « Vous avez loupé quelque chose. La soirée a été super et s'est finie tard dans la nuit. Il y avait vraiment un très gros coup à jouer ! Les autres producteurs proposent un accord sur le prix de vente des jus d'orange et sur les prix d'achat de la matière brute. Cela permettrait un gain de 8 % de marge sur le chiffre d'affaires de cette année et nous permettrait ainsi de payer les frais d'aménagement du pulpeur et des entrepôts. »

- ► Si vous décidez que cette proposition peut vous convenir, rendez-vous au **295**
- ► Si vous confirmez votre désaccord et décidez de vous expliquer avec Janane, rendez-vous au **308**

137

La fin de la réunion de revue de processus se conclut sans souci.

- ► Si vous souhaitez approfondir le sujet et solliciter la responsable des achats, rendez-vous au **82**
- ► Sinon, Tem vous conduit au bureau d'Anh Thi, rendez-vous au **281**

138

Cette fois-ci, Vladimir s'avoue vaincu, il a presque la larme à l'œil de vous avoir donné raison. C'est comme s'il vous estimait davantage. « Curieux, ce personnage... » songez-vous. Au moins la ligne de produit restera lisible et cohérente. La rencontre se termine. Jeanne, qui s'est faite oublier durant tout cet échange, vous entraîne hors du bureau sans vraiment vous laisser le choix. Rendez-vous au **194**.

139

De retour au siège, Jeanne vous offre le café. Elle vous doit bien cela après le moment désagréable que vous venez de passer ensemble. « Franchement, c'est à chaque fois de pire en pire quand on rencontre cet acheteur. Il faut qu'on développe une alternative ou bien il va finir par nous enterrer pour de bon. On n'est pas passé loin et on n'en sort jamais indemne. Chaque fois le rasoir coupe un peu plus court. La prochaine fois, c'est la gorge qu'il va nous couper ! » vous confie-t-elle.

En vous entendant discuter, ceux qui sont dans les bureaux adjacents se rapprochent. Comme on est curieux de voir ceux qui reviennent du front ! Un ingénieur *marketing* en profite pour vous demander un rendez-vous pour vous parler d'un « truc super » alors que vous alliez rejoindre votre bureau pour traiter le cas du Vietnam qui vous semble prioritaire.

- ▶ Si vous vous attelez au dossier de la filiale vietnamienne, rendez-vous au **35**
- ▶ Si néanmoins, vous souhaitez aller vous perdre dans le bureau de l'ingénieur, rendez-vous au **96**
- ▶ Si l'envie vous prend de passer un coup de fil chez vous, rendez-vous au **149**

140

Vous finissez par imposer votre charte éthique à Anh Thi qui conclut le sujet en annonçant : « Il ne faudra pas s'étonner de voir les panneaux d'affichage de cette charte recouverts d'affiches en tout genre : publicité pour un scooter, affiche pour la bière de Hanoi, programme des festivités du Têt... »

- ▶ Si vous souhaitez interroger Anh Thi sur l'intérêt d'une pause de deux heures qui a été octroyée aux salariés sur le temps du midi, rendez-vous au **271**
- ▶ Si vous préférez aborder le sujet de l'emploi féminin, rendez-vous au **280**

141

Vous réunissez les représentants des transporteurs, la direction de la société de gardiennage ainsi que celle de l'entretien à l'Hôtel de la Corniche. Vous leur expliquez : « Je souhaite que notre société ne travaille maintenant qu'avec des sociétés qui respectent la loi ! » La réaction est unanime, ils vous approuvent et vous applaudissent. Vous présentez alors les contraintes qu'ils vont devoir subir : « Il va falloir fournir chaque mois la liste des collaborateurs qui ont travaillé pour Vitaljuices MA et la liste des déclarations CNSS[17] correspondantes. » Un grand silence se fait. Le patron des transporteurs de la société Atlas Transports se lève et demande : « Vous avez bien réfléchi au surcoût engendré ? Bien que je sois en règle, j'estime en effet que mes sous-traitants directs ne le sont pas toujours. Comme ils me fournissent du personnel, je vois deux problèmes : je ne peux pas intervenir dans leur gestion dans ce domaine et, de ce fait, je n'aurai pas de justificatif sur les collaborateurs en question. Le surcoût sera probablement de 10 % à 15 % minimum. » Les autres participants renchérissent et les frères Akami de la société d'entretien et de surveillance AKA sortent de la salle en vous criant que dans six mois vous aurez fait faillite et qu'ils ne souhaitent plus travailler avec vous. Vous perdez 1 point de capital économique.

- ► Si vous proposez qu'une réflexion soit menée durant les six prochains mois avec l'ensemble des sociétés présentes en les regroupant par métier, chaque groupe se réunissant une fois par mois et formalisant un accord et une feuille de route commune, rendez-vous au **158**
- ► Si vous campez sur vos positions et dites que vous n'accepterez qu'une augmentation des tarifs de 5 % dégressive sur deux ans, rendez-vous au **174**
- ► Si vous dites que ce sera le même prix de facturation et que ceux qui ne s'engagent pas aujourd'hui ne feront plus partie de vos fournisseurs, rendez-vous au **224**

142

Vladimir vous propose la stratégie de « la jolie fille » en dernier recours. Vous écoutez attentivement. Pour s'implanter localement, il propose d'offrir une soirée arrosée à l'acheteur du premier distributeur local dans une résidence de luxe et de lui offrir une charmante et irrésistible compagnie pour la nuit.

17 La caisse nationale de sécurité sociale ou CNSS est un établissement public marocain, à vocation de sécurité sociale, créé en 1959 et placé sous la tutelle administrative du ministre chargé de l'emploi (source : Wikipédia).

La suite est assez simple : deux gaillards enfoncent la porte en pleine nuit, prennent des photos et proposent ensuite de ne pas les divulguer en échange d'une loyauté sans faille à votre égard.

- ► Si vous suivez la logique de Vladimir, rendez-vous au **42**
- ► Sinon, rendez-vous au **316**

143

Sur le dessus de la pile du courrier se trouve une jolie enveloppe à bulle qui vous est directement adressée. L'affranchissement est vietnamien. L'expéditeur est le chargé d'action culturelle du comité populaire de la ville de Dalat. À l'intérieur de l'enveloppe, vous trouvez une miniature en laque figurant une tige de bambou avec un mot d'accompagnement : « Cher Monsieur le directeur, M. Tem Le Quoc m'a dit que vous vous intéressiez encore à l'action culturelle de Vitaljuices VN. Je vous adresse donc ce courrier pour vous remercier de votre intérêt et vous témoigner notre soutien dans votre action. Vous trouverez dans cette enveloppe l'œuvre d'un artiste contemporain qui travaille admirablement le laque et qui a fait partie de nos discussions lors de votre passage parmi nous. Puissions-nous progresser ensemble vers une société plus sereine. Votre dévoué, Tem. » Votre lecture terminée, vous ressentez presque le climat tempéré de Dalat, cette tempérance si chère à Alexandre Yersin – l'élève de Pasteur, qui a découvert le bacille de la peste et son sérum – qui aura présidé à la fondation de Dalat et qui y aura vécu jusqu'à sa mort en 1943. Vous comprenez qu'il n'ait voulu aller nulle part ailleurs. Rendez-vous au **324**.

144

- ► Si vous décidez d'étudier en détail ce problème de mélangeur et de consacrer le temps de votre séjour sur le sujet, rendez-vous au **286**
- ► Si vous confiez le problème de mélangeur au responsable maintenance en lui laissant carte blanche et filez à la réunion avec les représentants du personnel, rendez-vous au **263**

145

Anh Thi s'insurge une seconde fois : « Le Vietnam, ce n'est pas la France. L'approche individualiste du management par objectif ne peut pas fonctionner ici ! Nous vivons sur des principes collectifs, allez demander au chef d'équipe de régler lui-même une machine ! C'est impossible ! Ils ne peuvent le faire qu'à quatre ou cinq personnes à la fois. »

► Si vous insistez sur le besoin de cohérence globale du groupe, rendez-vous au **46**

► Si vous préférez aborder le sujet des horaires de travail, rendez-vous au **271**

145 Anh Thi Tran, la DRH

146

Vous allez devoir déterminer si cette rencontre est un succès ou un échec :

• Albert Lambert, Acheteur jus de fruits chez Distribouf •
Capital image : 6

► Si la rencontre est un succès, rendez-vous au **259**

► Si la rencontre est un échec, rendez-vous au **64**

147

Staffan se braque un peu en vous entendant. En fait, il ne voit pas d'autre alternative à court terme. Vous lui demandez : « Évitez surtout de trop vous impliquer dans des zones aux pratiques douteuses. On mettra cela au programme du prochain comité de direction si vous pouvez fournir des chiffres prévisionnels d'ici là. » Vous gagnez 1 point d'éthique mais vous perdez également 1 point de capital économique. Jeanne vous tire un peu par la manche, l'interlocuteur russe avec lequel vous devez vous entretenir vous attend. Vous quittez Staffan en vous demandant si vous avez fait le bon choix. Rendez-vous au **273**.

148

Le bureau du chargé d'action pluriculturelle du comité populaire de Dalat – ce dernier insiste sur son titre exact – regorge d'objets témoignant des nombreuses visites officielles qu'il a pu faire à l'étranger : plateau d'argent thaïlandais, écusson en cuir de buffle laotien, diplômes d'honneur des universités de Shanghai et de Moscou, tableau dédicacé d'un peintre européen qui vous est inconnu... Mais le plus intrigant reste un triptyque de panneaux de bois laqué peints qui représentent une forme d'allégorie très moderne de la victoire contre les Américains à l'issue de la guerre du Vietnam.

- ► Si vous souhaitez évoquer le partenariat de mécénat en cours depuis quelque temps, rendez-vous au **131**
- ► Si vous décidez plutôt de lui proposer un nouveau partenariat pour soutenir l'artiste contemporain qui a exécuté l'œuvre en bois laqué qui trône dans son bureau, rendez-vous au **231**

149

Une fois n'est pas coutume, vous appelez sur le poste fixe et sur le portable. Messageries. Donc, vous laissez un aimable message en vous rappelant que les enfants ont cours à cette heure-ci et que votre épouse est au moins aussi occupée que vous. L'air un peu bête mais content de vous, vous rentrez dans votre bureau pour organiser votre déplacement au Vietnam. Rendez-vous au **35**.

150

Une fois que vous avez fait le tour de vos soutiens et de ce qui vous reste en caisse, il semble assez clair que vous n'avez pas su maintenir le cap économique de votre organisation. Avoir une approche sociale, incarner le rôle du mécène ou soutenir les acteurs locaux, c'est une chose, mais aujourd'hui, c'est au détriment d'un *business* qui ne vous assure plus les moyens de continuer. Votre projet se termine ici.

151

Vous allez devoir affronter Dung pour déterminer l'issue de votre échange.

• Dung La Phuong, Directeur commercial •
Confiance interne : 7

▶ Si la rencontre est un succès, rendez-vous au **311**

▶ Si la rencontre est un échec, rendez-vous au **233**

152

Gervais s'est posé la même question que vous. On ne vend pas plus cher si l'on a plus de vide dans les cartons... Il est arrivé à la conclusion que l'on ne va pas gagner sur les ventes, mais plutôt sur deux coûts indirects : il y aura moins de pertes liées à l'écrasement de certains cartons stockés sur des hauteurs trop élevées et moins de pénibilité pour les manutentionnaires. Il a d'ailleurs un autre projet d'innovation à évoquer avec vous.

▶ Si vous soutenez Gervais dans sa démarche et êtes prêt à débloquer un investissement pour tester l'idée, rendez-vous au **32**

▶ Si vous êtes curieux de connaître l'autre idée, rendez-vous au **89**

▶ Si par contre, vous voulez vraiment en venir au cœur du problème et évoquer le sujet de la pollution provoqué par les briques, rendez-vous au **279**

153

En acceptant les conditions d'Albert, vous avez ouvert la porte à tous les abus. Vous perdez 2 points d'éthique et 2 points de capital économique. S'il vous reste le courage de continuer, vous n'avez plus qu'à rentrer au siège. Rendez-vous au **139**.

154

La réunion de travail qui s'engage est focalisée sur les valeurs fédératrices. Elle est organisée avec tout le personnel et animée par un consultant, M. Clajoie, que vous avez choisi avec M. Mamouni. Elle aboutit sur une charte d'éthique en quatre points :

1. Équité de traitement pour tous les salariés.
2. Lutte contre la corruption en interne et avec les fournisseurs.
3. Respect de la loi pour l'ensemble de la production.
4. Respect des règles environnementales pour tous.

M. Mamouni est un peu sur sa faim, mais les salariés sont très contents d'avoir pu s'exprimer et d'avoir été entendus. Vous gagnez 2 points de confiance interne. Vous pouvez ranger cette charte éthique dans votre porte-documents. Rendez-vous au **196**.

155

Le représentant de *Water Care* n'est pas dupe. Il a vite compris l'enjeu de votre visite. Vous allez devoir déterminer si votre rencontre est un succès :

• Représentant de *Water Care* •
Capital image : 6

- ▶ Si la rencontre est un succès, rendez-vous au **62**
- ▶ Si la rencontre est un échec, rendez-vous au **317**

156

Votre action porte ses fruits, vous économisez 20 % des taxes dues ce mois-ci par Vitaljuices VN. Vous gagnez 2 points de capital économique, mais vous perdez 1 point d'éthique. Vous recevez une attestation de paiement de vos taxes que vous rangez dans votre porte-documents. Rendez-vous au **166**.

157

Après avoir éliminé de la pile toutes les offres de fournisseurs qui ne vous concernent pas, vous tombez sur le rappel d'une invitation de la Chambre de Commerce et d'Industrie (CCI) qui souhaite rassembler les acteurs économiques dynamiques du département à la demande de son président. La rencontre est prévue ce soir et vous n'avez pas encore pris votre décision au sujet de votre participation. Un autre courrier attire votre attention, signé par une association de consommateurs : il prétend que des jus de fruits commercialisés par Vitaljuices il y a quelques semaines auraient été stockés par un distributeur dans des conditions discutables. Enfin dans un colis, vous découvrez un échantillon prototype du nouveau *packaging* pour le jus de fraise à destination du marché maghrébin. Si vous décidez :

- ▶ d'appeler la CCI pour donner votre réponse, rendez-vous au **54**
- ▶ de vous renseigner sur les conditions de stockage auprès du distributeur incriminé, rendez-vous au **78**
- ▶ d'appeler votre assistante pour confirmer le détail de votre déplacement auprès de la filiale marocaine, rendez-vous au **38**

158

La première réunion se tient avec les sociétés de transports. Au nombre de six, elles représentent 80 % du fret. Deux autres sociétés ont décliné votre invitation. Elles ne souhaitent pas vous suivre dans votre démarche. Vous proposez d'abord de présenter aux participants les valeurs et les principes de travail que vous souhaitez partager avec eux. Vous avez, préalablement à la réunion, demandé qu'une estimation précise du surcoût soit effectuée. La réunion est coordonnée par le directeur des achats et vous-même. Après un long tour de table, vous effectuez un travail de synthèse qui fait apparaître que les sociétés présentes sont d'accord pour se mettre en règle avec la loi, dans l'année pour deux d'entre elles et dans les deux ans pour les autres. Vous établissez une feuille de route qui prévoit un contrat-cadre établissant les règles financières pour chacun et les modes de contrôles des dispositions prises. C'est le directeur des achats et M. Dada de la société A Dada transport qui sont chargés du projet. Le surcoût pour Vitaljuices MA est estimé à 7,1 % la première année et 4,2 % les années suivantes. Vous gagnez 2 points de capital image mais vous perdez 1 point de performance économique.

- ► Si vous informez aussitôt le directeur de production, M. Houcine Benkirane, et le DRH, M. Lahbabi pour qu'une *task-force* se mette en place pour compenser les pertes, rendez-vous au **201**
- ► Si vous alertez la direction générale en demandant une réduction de votre participation aux frais du groupe, rendez-vous au **92**

159

Vladimir ne cache pas sa satisfaction et laisse apparaître quelques-unes de ses dents en or… Il vous promet monts et merveilles. Vous ne regretterez pas votre choix ! Vous lui faites confiance, vous perdez 1 point de système de management mais vous gagnez 2 points de capital économique. La rencontre se termine. Jeanne, qui s'est faite oublier durant tout cet échange, vous entraîne hors du bureau sans vraiment vous laisser le choix. Rendez-vous au **194**.

160

Vos partenaires d'affaires (vos clients et vos fournisseurs), des parties prenantes de première importance, vont soutenir votre démarche, c'est de bon augure pour la suite de votre activité. Vous avez réussi à bâtir une relation aussi constructive que possible étant donné votre activité et le type de partenaires avec lesquels vous traitez. La question est maintenant de savoir si vous bénéficierez du même soutien de la part des collectivités. Pour cela, rendez-vous au **98**.

161

Vous sortez convaincu que Patrice sait de quoi il parle mais que vous-même n'avez pas compris grand-chose, hormis qu'il s'agira d'un coût supplémentaire dont vous n'avez pas besoin en ce moment. Ce n'était pas le bon jour pour Patrice pour essayer de vous convaincre. Vous pouvez maintenant aborder enfin le problème de pollution qui pourrait apparaître dans le jus de fruits, rendez-vous au **279**.

162

Après une heure d'attente, le bureau derrière la paroi vitrée se vide. C'est à votre tour de rentrer dans l'arène, en tout cas c'est l'impression que vous avez. Albert entre directement dans le vif du sujet, histoire de vous mettre à l'aise : « La conjoncture n'est pas bonne, nous n'allons pas pouvoir rester sur les mêmes niveaux de marge que l'année passée. Pour le jus de fraise produit au Maroc, nous ne pourrons pas dépasser les 17 euros par pack de 12 briques, sous réserve que l'on parvienne à en vendre. Nos calculs sont faits, c'est à prendre ou à laisser ! » Vous pensiez au moins rester sur les 20 euros, histoire de pouvoir amortir les frais sur les dépulpeurs... À ce tarif-là, vous devez être quasiment au coût de production, à 2 % près.

- ► Si vous acceptez la proposition d'Albert, rendez-vous au **108**
- ► Sinon rendez-vous au **237**

163

Au vu de la cohue à l'écran, vous n'avez clairement pas choisi l'option qui convenait pour confirmer la confiance établie. Vous croyez entendre les mots « discrimination » et « grève » dans les échanges, sans en être certain. Ce dont vous êtes sûr, c'est que vous avez directement ravivé les tensions.

Vous imaginez déjà la scène : pendant que vous faites votre discours d'introduction lors de la session multi-parties prenantes en *Web* conférence en direct avec le Maroc et le Vietnam, on voit sur le moniteur vidéo du Maroc une simple affiche posée sur deux chaises vides : « Salariés absents pour cause de discrimination ! » Non ce n'est pas envisageable ou alors dans un autre projet qui ne serait pas le vôtre. De fait, votre projet s'arrête ici.

164

Votre contribution fait apparaître un large sourire sur le visage de Tem. Vous gagnez 1 point de confiance interne. Vous découvrez alors qu'il est militant actif au sein du parti en place. Tem vous laisse alors le choix :

- rencontrer d'abord le chargé d'action culturelle pour évoquer une action de mécénat, rendez-vous au **148**
- passer au bureau de la perception des taxes dues pour quelque chose qu'il voudrait contester, rendez-vous au **275**

165

Gervais partage bien votre avis : « Une bouteille de jus de fruits contient déjà tant de substances chimiques qu'il est sans doute impossible d'y identifier une hormone plutôt qu'une autre. » Vous perdez cependant 1 point de réserve environnementale disponible et 1 point d'éthique.

Vous pensez cette fois-ci avoir enfin fini le tour de la direction *marketing*, mais c'était sans compter sur une magnifique affiche que vous découvrez placardée sur la porte du « chef de pub », Raphaël Lange. L'affiche présente une femme, vraisemblablement originaire d'Afrique centrale. Elle est obèse et consomme une petite brique de jus d'orange Vitaljuices enrichi en sucre et en vitamines. Cette femme souriante et épanouie donne vraiment envie dans la posture qui la présente. Ce message est clair : ce jus de fruits assure, au même titre que l'obésité affichée par cette femme, un signe extérieur d'opulence. Cette caricature vous capte, vous interroge et vous conduit à pousser la porte de Raphaël qui est justement dans son bureau. Apparemment, les stéréotypes féminins sont le sujet de ses travaux du moment à en croire les projets d'affiches qui couvrent les murs et sa table de réunion.

- Si vous souhaitez rappeler à Raphaël les difficultés que vous a causé la campagne en Inde, rendez-vous au **68**
- Si vous abordez l'usage délicat qu'il fait parfois des sujets discriminatoires, rendez-vous au **28**
- Si vous lancez l'échange sur la prise en compte du retour assez négatif des associations de consommateurs sur certaines actions de *marketing* direct, rendez-vous au **236**

166

En sortant du bureau du chargé d'action pluriculturelle, vous vous rendez compte que le temps est passé plus vite que prévu et que le bureau de perception des taxes dues est maintenant fermé. Vous quittez donc les bâtiments du Comité Populaire pour vous détendre un peu. Le programme que vous vous étiez fixé touche à sa fin et il vous reste quelques heures avant de prendre l'avion du soir qui vous ramènera en France.

Sur le chemin, Tem vous achète un journal local pour y lire un article dont on lui a parlé le matin même. C'est l'interview d'un représentant de l'ONG *Water Care* qui fait état de la qualité de l'eau dans différentes régions du pays. Vitaljuices VN est cité dans un paragraphe comme utilisant de l'eau impropre à la consommation pour diluer ses pulpes et produire des jus de fruits. N'étant pas au fait de ces informations, vous êtes mi-surpris des faits et mi-scandalisé du procédé de communication. Tem vous dit : « J'ai entendu des rumeurs mais rien de sérieux ni d'alarmant. »

- ▶ Si vous chargez Tem d'adresser à *Water Care* un courrier de mise en demeure pour calomnie dès son retour au bureau, rendez-vous au **65**
- ▶ Si vous estimez avoir le temps de passer dans les bureaux de l'ONG avant votre avion, rendez-vous au **22**

167

À peine avez-vous commencé votre présentation que Jacques Adie s'impatiente : la soirée démarre bientôt et son temps est compté. Vous allez devoir déterminer si cette rencontre est un échec ou un succès :

• Jacques Adie, Directeur général de la CCI •
Image externe : 9

- ▶ Si la rencontre est un succès, rendez-vous au **302**
- ▶ Si la rencontre est un échec, rendez-vous au **24**

168

Après plusieurs minutes de discussion avec les policiers, Dung revient vers vous : « Les policiers vous demandent de payer immédiatement une amende assez élevée. Selon eux, vous ne rouliez pas dans le bon sens de circulation. »

Vous commencez à comprendre que c'est une arrestation probablement très arbitraire, destinée à compléter le traitement des fonctionnaires.

- ▶ Si vous acceptez de régler l'amende immédiatement, rendez-vous au **100**
- ▶ Si vous refusez au nom de la lutte contre l'arbitraire et de la défense de votre droit, rendez-vous au **321**

169

Vous informez les collaborateurs des dispositions prises pour les techniciens et des travaux engagés pour les équipements internes.

- ▶ Si vous pensez que cela suffit à calmer le jeu et refusez de payer les journées de grève, rendez-vous au **200**
- ▶ Si vous pensez qu'il faut renouer le dialogue, rendez-vous au **7**

170

Chacun campe sur ses positions. Votre choix de ne vous arrêter qu'au respect du droit du travail et – dans le cas où vous lanceriez le projet de convention collective – de prioriser les salaires des cadres et les primes au mérite est pris comme une insulte par les représentants du personnel et les délégués. Ils demandent une réunion du conseil d'administration pour statuer sur votre maintien à votre poste. Un préavis de grève renouvelable est lancé. Une lettre est envoyée aux journaux pour faire état des écarts entre la déclaration de la direction générale en France et au Maroc. Une demande de rendez-vous est faite avec la direction générale française. Le directeur de la production et le DRH vous informent qu'ils souhaitent démissionner. Dans ces conditions, vous perdez 2 points de système de management, 1 point de capital économique, 1 point de capital image et 1 point de confiance interne. Si vous avez le courage et les moyens de continuer ou si votre projet ne s'arrête pas là, rendez-vous au **110**.

171

Il vous apparaît clairement que vous ne pourriez naïvement inviter vos parties prenantes au Vietnam ou au Maroc pour cette première rencontre. En revanche, le site de Carpentras paraît une meilleure option. Au programme, vous pourriez envisager à l'issue de la rencontre une visite de site et une soirée un peu plus libre. Peut-être même que le maire sera honoré que Carpentras accueille cet événement, ce sera sans doute une première de ce type. Et associer localement la CCI, c'est un gage que cette dernière se rende disponible. Rendez-vous au **232**.

172

Lorsque vous leur expliquez que vous êtes d'accord pour déplacer la date de l'événement, vous voyez à l'écran une réaction qui ressemble à s'y méprendre à celle des supporters de l'équipe qui vient de marquer le but. But marqué par vous. Après quelques discussions, le doyen des collaborateurs prend la parole et vous remercie, il vous assure du soutien de l'équipe. Collectivités, clients, fournisseurs, salariés du siège et des filiales, il ne vous reste qu'à voir ce qu'il est possible d'envisager avec les autres parties prenantes avec lesquelles vous avez travaillé récemment. Rendez-vous au **220**.

173

Au terme d'une discussion sans fin, vous signez enfin à 5 %. C'est un succès en demi-teinte et Jeanne vous réconforte un peu sur le chemin du retour au siège. Rendez-vous au **139**.

174

La réunion avec les sociétés de transports est programmée pour le mois suivant. Trois des principales sociétés sont prêtes à faire des efforts, les autres ne sont pas intéressées. La société d'entretien et de gardiennage vous a envoyé un courrier vous signifiant qu'elle mettait un terme à son contrat. Vous organisez une réunion en urgence avec le directeur des achats pour qu'il trouve d'autres sociétés de transports et une autre société d'entretien et de gardiennage. Après étude, le surcoût sera de 7 % pour les transports et de 4 % pour le gardiennage et l'entretien, avec un surcoût plus important (10 %) dans les quatre prochains mois. Vous perdez 2 points de capital image et 2 points de capital économique.

Votre mission au Maroc touche à sa fin, il est temps pour vous de rentrer en France. Rendez-vous au **229**.

175

Vous êtes un peu effaré quand vous entendez qu'il n'y a jamais de réclamations clients au dire de Dung.

- ▶ Si vous souhaitez confirmer ce point avec la commerçante, rendez-vous au **8**
- ▶ Si vous choisissez quand même de demander l'avis des premiers clients qui se présentent, rendez-vous au **103**

176

Assurément, vous ne pourrez pas faire témoigner une ONG sur les partenariats en cours et vous prenez le risque d'être un peu malmené sur la situation de l'eau au Vietnam. Mais au moins, vous avez des arguments pour répondre : vos performances sont au rendez-vous et vous pouvez en apporter les preuves. La tentative de négociation avec les ONG sera donc une étape à envisager. Mais vous n'en ferez pas état lors de la rencontre de Carpentras.

Vous vous souvenez d'un échange que vous aviez eu avec un consultant en responsabilité sociétale il y a au moins deux ans de cela. Il vous avait fait comprendre que : « L'approche anglo-saxonne de la responsabilité sociétale est basée sur une logique de dialogue avec les parties prenantes et de mécénat visant à compenser vos impacts. En résumé : d'un côté votre entreprise produit et gagne de l'argent. Pour produire elle va abîmer un peu l'environnement et les salariés mais en fin d'année, elle va créer une fondation avec l'argent gagné. Et la fondation va financer des projets dont certains vont peut-être contribuer à réparer l'environnement pollué et les salariés abîmés. Le problème, c'est que cette approche n'est pas forcément stratégique et que l'objectif est, d'une part, de réduire ses impacts à la source et, d'autre part, de conduire des actions éventuelles de compensation ou de mécénat qui soient pertinentes au regard de son métier ou des besoins de son territoire d'implantation. » C'est la pertinence de votre vision qui est questionnée de la sorte, et en particulier votre approche du mécénat.

- Si vous disposez d'une nouvelle convention de mécénat culturel et que votre éthique est de 4 ou plus, rendez-vous au **258**
- Si vous n'avez pas de nouvelle convention de mécénat culturel mais que vous disposez quand même d'une miniature en laque figurant une tige de bambou et que votre éthique est de 4 ou plus, rendez-vous au **324**
- Sinon rendez-vous au **56**

177

L'avis du directeur commercial sur le sujet est sans appel : « J'ai soumis le contrat au service juridique pour s'assurer que nous sommes dans notre droit. Au regard des clauses contractuelles, la jurisprudence nous accorde le droit d'imposer à ce distributeur d'assumer toutes les conséquences imputables à son mode de stockage ! » Avec votre soutien, le directeur commercial va engager une procédure à l'encontre du distributeur, le courrier de l'association de consommateur étant versé comme preuve à l'appui du dossier. Vous perdez 1 point d'image externe.

Vous finissez par appeler votre assistante pour confirmer les détails de votre déplacement auprès de la filiale marocaine, rendez-vous au **38**.

178

La discussion est âpre. Jeanne vous accuse : « Traître ! Vous m'aviez donné carte blanche sur le sujet ! » Elle manque de vous envoyer une agrafeuse à la figure. Elle a du tempérament ! Après bien des invectives et quelques mots désagréables, vous sentez votre relation avec Jeanne se refroidir brusquement et vous estimez que Jeanne va comprendre. Tout du moins vous le souhaitez. Vous gagnez 1 point d'éthique, cependant votre décision vous fait perdre 1 point de capital économique. Vous ne quittez pas Jeanne pour autant puisqu'elle vous accompagne auprès de Staffan qui est en charge des marchés BRICS. Rendez-vous au **219**.

179

Associer la CCI aurait évidemment été une bonne idée mais on ne peut pas forcer les gens aussi, pour garantir quand même une bonne intégration territoriale, peut-être conviendrait-il d'associer une collectivité ?

- Si vous avez un avis favorable du conseil municipal et l'attestation du paiement de vos taxes au Vietnam dans votre porte-documents, rendez-vous au **171**
- Sinon rendez-vous au **318**

180

La discussion part dans tous les sens et vous ne parvenez pas à en sortir grand-chose. Vous regrettez presque votre idée. Vous remontez sur vos scooters et parcourez quelques rues. C'est alors que Dung vous montre quelque chose au loin. Rendez-vous au **119**.

181

Nullement convaincu, Ludovic Laipadissy vous fait comprendre à demi-mot que votre démarche n'est pas encore assez engagée, que le risque de *greenwashing*[18] est encore grand et que vous pourrez présenter votre projet en commission du syndicat lorsque vous aurez obtenu des résultats probants.

- Si vous n'avez pas encore rencontré le maire, vous pouvez le faire si vous le souhaitez en vous rendant au **94**
- Sinon, rendez-vous au **127**

182

À peine avez-vous commencé à échanger que vous apercevez deux connaissances, enfin deux concurrents plus exactement. Votre plus proche voisin vous fait comprendre que Distribouf rencontre cette après-midi tous

18 Le *greenwashing* (écoblanchiment) est un procédé de *marketing* ou de relations publiques utilisé par une organisation dans le but de se donner une image écologique responsable.

ses fournisseurs de jus de fruits. Vous êtes un peu surpris et vous comprenez mieux l'angoisse de Jeanne, qui est d'ailleurs devenue plus pâle encore depuis qu'elle attend. Derrière une paroi vitrée, vous percevez les signes d'une discussion qui ne se passe pas bien. Le ton monte, les gens se lèvent mais finissent par se rasseoir. « On ne quitte pas un rendez-vous avec Albert Lambert » commente votre voisin.

► Si vous décidez de continuer à patienter, alors que cela fait 45 minutes que vous êtes déjà là, rendez-vous au **162**

► Si vous commencez à sentir que vous perdez votre temps, vous pouvez décider de déléguer à Jeanne ce qui est déjà son travail et rentrer au siège de Vitaljuices, rendez-vous au **268**

183

Vous allez devoir déterminer si cette rencontre est un échec ou un succès :

• Jeanne Tarzan, Directrice commerciale •
Confiance interne : 7

► Si la rencontre est un succès, rendez-vous au **178**

► Si la rencontre est un échec, rendez-vous au **230**

184

Pour déterminer si le programme a porté ses fruits, vous allez devoir tenter une rencontre avec un fournisseur pour déterminer si une telle amélioration est envisageable :

• Fournisseur de pulpe •
Confiance interne : 5

► Si la rencontre est un succès, rendez-vous au **208**

► Si la rencontre est un échec, rendez-vous au **307**

185

C'est l'échec. 10 % de pertes supplémentaires et vous n'avez rien pu y faire. Un tel engagement vous conduit dans l'impasse et votre projet s'arrête là. La négociation, ce n'est pas votre fort.

186

Une fois la connexion établie, vous voyez apparaître à l'écran six personnes qui discutent bruyamment en patientant. Parmi eux, vous reconnaissez entre autres M. Maaroufi, de CMT, M. Hamidou, le doyen, et bien sûr M. Lahbabi, le DRH. Vous commencez à leur présenter le projet mais l'écoute n'y est pas vraiment. Vous sentez que pour eux, vous voir en *Web* conférence alors qu'aucune discussion n'est en cours revient à regarder un match de football à la télévision. L'ambiance est détendue au moins. Cela étant, ils comprennent vite où vous voulez en venir et vous interrogent sur la période à laquelle la rencontre aurait lieu.

Vous faites un rapide calcul et vous leur proposez trois semaines possibles mais pas avant deux mois, c'est la seule période qui vous semble possible au regard du planning que vous envisagez. À l'écran, la discussion s'anime comme si vous aviez fait une faute en zone de réparation. Le doyen prend finalement la parole, sans doute pour réclamer un penalty à l'arbitre... : « Monsieur le Directeur, ce sera une super fête, il n'y a pas de doute là-dessus. Et l'équipe du Maroc vous soutiendra à bout de bras à coup sûr ! Mais vous comprenez, nous ne pourrons pas y assister parce qu'on est nombreux à être musulmans ici. Les dates que vous avez dites correspondent au ramadan chez nous. C'est bien dommage ! On ne pourrait pas les changer ces dates ? » Non, cela ne vous arrange pas de déplacer les dates. Mais vous avez le choix :

- ▶ Si vous voulez maintenir les dates et organiser la rencontre comme prévu, quitte à organiser une connexion vidéo permanente avec le Maroc (et le Vietnam par le fait même, auquel cas, il faudra prendre en compte le décalage horaire et prévoir la manifestation en matinée à Carpentras sinon les collaborateurs vietnamiens s'endormiront à l'écran), rendez-vous au **163**
- ▶ Si vous préférez accepter la proposition des collaborateurs marocains et déplacer les dates plus tôt ou plus tard dans l'agenda, rendez-vous au **172**

187

À première vue, l'idée lui paraît saugrenue, mais vous lui citez le cas d'une de vos connaissances qui a embauché un pasteur à la tête d'une de ses filiales en Afrique de l'Est pour assurer une éthique irréprochable à sa filiale. En effet, dans ce contexte, il est parfois difficile de conduire quoi que ce soit sans débourser un dollar à chaque rencontre.

Finalement, Staffan est davantage convaincu par le côté insolite de l'idée que par le réel gain d'éthique. « Si cela va dans le sens du *business,* pourquoi s'en priver ? » conclut-il. Jeanne vous tire un peu par la manche, l'interlocuteur russe avec lequel vous deviez vous entretenir vous attend. Vous quittez Staffan en vous demandant si vous avez fait le bon choix. Rendez-vous au **273**.

188

Cet échange vous a transformé. Vous n'aviez sincèrement jamais songé à repenser aussi profondément l'approche concernant une simple brique de jus de fruits. Confiant, vous rangez dans votre porte-documents le contrat de prestation d'accompagnement du *designer* que vous venez de signer. Vous gagnez 1 point de système de management. Vous pouvez maintenant aborder sereinement le problème de pollution qui pourrait apparaître dans le jus de fruits, rendez-vous au **279**.

189

189 nouveaux *e-mails* à lire ! Cela va vous prendre pas mal de temps, il vous faut faire des choix pour ne pas y passer la matinée !

- ► Si vous décidez de vous concentrer sur un *e-mail* de Jean Rage (le DRH) que vous attendiez, rendez-vous au **204**
- ► Si vous décidez de rappeler ce client qui attend depuis plusieurs semaines et qui vous a adressé plusieurs *e-mails* de relance, rendez-vous au **243**
- ► Si vous décidez d'appeler votre assistante pour confirmer les détails de votre déplacement auprès de la filiale marocaine, rendez-vous au **38**

190 L'accueil de Vitaljuices VN

190

Anh Thi s'engage dans une présentation de la culture du groupe qui prédomine au Vietnam. De ce fait, le choix d'élaborer des valeurs communes en s'appuyant sur des groupes de paroles lui semble bien adapté. À votre demande, elle vous remet un exemplaire de la charte éthique qui a été élaborée et qui est disponible à l'accueil de Vitaljuices VN. Vous la rangez dans votre porte-documents.

► Si vous souhaitez attirer l'attention d'Anh Thi sur l'incohérence de certaines valeurs avec la vision du groupe adoptée à Carpentras, rendez-vous au **145**

► Si vous préférez aborder le sujet des horaires de travail, rendez-vous au **271**

191

C'est presque de force que Raphaël accepte de modifier sa ligne de communication. « Ce ne sera pas de ma faute si on fait de la communication sans saveur ni relief… » lâche-t-il un peu amer.

Mais vous savez qu'il redoublera d'effort pour que la nouvelle ligne soit aussi efficace, voire davantage que la précédente. Vous gagnez 1 point de capital image.

Soulagé et content d'avoir bouclé le tour du *marketing*, vous quittez le bureau de Raphaël Lange pour retourner dans le vôtre et organiser votre déplacement au Vietnam. Rendez-vous au **35**.

192

Une fois que vous avez fait le tour de vos soutiens et de ce qui vous reste en caisse, il semble assez clair que vous n'avez pas su maintenir le cap économique de votre organisation. Avoir une approche sociale, incarner le rôle du mécène ou soutenir les acteurs locaux, c'est une chose, mais aujourd'hui, c'est au détriment des relations avec vos partenaires économiques de premier ordre (clients, fournisseurs, etc.) et de votre propre *business* qui ne vous assure plus les moyens de continuer. Votre projet se termine ici.

193

Quelle drôle d'idée quand même ! Les conditions de travail, cela n'a pas l'air de beaucoup passionner vos interlocuteurs. Aussi, Tem propose-t-il d'évoquer ce sujet directement avec Anh Thi, la DRH. La fin de la réunion de revue de processus se conclut sans souci.

► Si vous souhaitez approfondir le sujet et solliciter la responsable des achats, rendez-vous au **82**

► Sinon, Tem vous conduit au bureau d'Anh Thi, rendez-vous au **281**

194

Jeanne vous rappelle qu'Albert Lambert, acheteur de Distribouf a rendez-vous avec elle d'ici peu, elle vous propose de l'accompagner.

► Si vous acceptez de vous rendre chez Distribouf avec Jeanne, rendez-vous au **216**

► Sinon, rendez-vous au **268**

195

« Une structure locale, c'est le gage d'une belle enseigne à notre nom de Moscou à Saint-Pétersbourg ! » s'exclame Vladimir. « On ne vend rien en restant caché derrière les autres. » Et d'ailleurs, il a déjà entrepris quelques démarches – il reste évasif sur l'avancée exacte du dossier – pour faire immatriculer une entité qui pourrait, par exemple, s'appeler Vitaljuices Russia. Certes, il manque un peu de ressources monnayables pour les frais « d'à-côté » que cela engendre.

► Si vous envisagez de discuter très sérieusement de la nature de ces « à-côtés », rendez-vous au **111**

► Si vous préférez monter une *joint-venture*[19] avec un distributeur local, voire un producteur local, rendez-vous au **300**

196

Vous avez décidé de prendre en considération les attentes de l'ensemble de vos parties prenantes et vous donnez une priorité aux parties prenantes externes, le DRH s'occupant déjà des collaborateurs et la direction des actionnaires. Avec l'ensemble des cadres, vous élaborez une cartographie des parties prenantes dont il ressort que les demandes les plus fortes émanent des sociétés de transports. Elles souhaitent revoir le prix de transport ainsi que les conditions de chargement et de déchargement au quai. Vous décidez de négocier avec les sociétés de transports à la condition qu'elles respectent intégralement le droit du travail et les règles de sécurité, rendez-vous au **72**.

19 Coentreprise.

197

Vous réunissez les cadres à 18h00. Le DRH est atterré par votre position : « Je veux un arbitrage au plus haut niveau ! Je signale à tous que le refus de signer les conventions collectives retarde le projet de remise à plat de la grille salariale ! Cela remet aussi en question le discours selon lequel vous vous étiez engagé à une plus grande transparence et une plus grande équité en interne. Vous continuez à alimenter la discrimination et le *turn-over* ! » Le directeur de production et le responsable maintenance vous incitent à maintenir votre position, arguant que le contexte du pays n'est pas le même qu'en France.

- ▶ Si vous décidez de maintenir encore un peu votre position, rendez-vous au **3**
- ▶ Si vous décidez immédiatement de réunir tous les collaborateurs pour trouver un accord, rendez-vous au **239**

198

« C'est vous le chef ! » lance Dung dans un français presque parfait. Le programme sera amorcé mais cela augmentera les coûts internes qu'il faudra tôt ou tard répercuter sur les ventes. Vous perdez 1 point de capital économique mais vous gagnez 1 point de système de management. Vous remontez sur vos scooters et parcourez quelques rues. C'est alors que Dung vous montre quelque chose au loin. Rendez-vous au **119**.

199

C'est presque de force que Raphaël accepte de diminuer la fréquence de ses envois de messages pour les remplacer par des apparitions plus fréquentes sur Internet. Vous gagnez 1 point de capital image.

Soulagé et content d'avoir bouclé le tour du *marketing*, vous quittez le bureau de Raphaël Lange pour retourner dans le vôtre et organiser votre déplacement au Vietnam. Rendez-vous au **35**.

200

La direction générale n'est pas satisfaite de la façon dont vous avez traité le problème des ressources humaines. Elle vous donne une dernière chance en vous demandant de mettre en œuvre sa politique de responsabilité sociétale sur le plan environnemental ainsi que sa stratégie fournisseurs et parties prenantes externes directement liées à la chaîne de production.

La DRH est reprise temporairement par M. John Indiana, directeur Vietnam-Maroc. Vous perdez 1 point de système de management et 1 point de capital économique. Vous n'êtes pas passé loin de la fin de votre projet.

- Si vous décidez de vous mettre au travail et de tout mettre en œuvre pour que la politique environnementale soit irréprochable au Maroc, rendez-vous au **309**
- Si vous décidez de vous occuper d'abord des fournisseurs au niveau sociétal, rendez-vous au **105**

201

Le directeur de production et le DRH ont anticipé vos accords : ils ont mis en place un programme de *lean production* et d'optimisation des investissements qui permettra de récupérer les pertes engagées en un an. Vous gagnez 2 points de système de management et 1 point de capital économique.

Votre mission au Maroc touche à sa fin, il est temps pour vous de rentrer en France. Rendez-vous au **229**.

202

Les quelques salariés présents sont très fiers de recevoir directement les félicitations de leur patron français. Tem apprécie également ce geste et son visage rayonne. Vous gagnez 1 point de confiance interne.

- Si vous souhaitez quand même réprimander l'équipe au sujet des risques d'électrocution, rendez-vous au **6**
- Si vous préférez quitter le mélangeur pour examiner le reste de la production, rendez-vous au **276**

203

Votre présentation semble convaincre même si vous sentez les entrepreneurs locaux un peu sceptiques concernant leur propre capacité à s'exporter. On vient vous féliciter et vous accompagner vers l'espace des rencontres individuelles. Vous apercevez le maire de Jacinthe-la-Jolie qui discute non loin de vous. Par ailleurs, le secrétaire de votre syndicat patronal semble chercher à vous rencontrer.

- Si vous décidez d'aller à la rencontre du maire, rendez-vous au **94**
- Si vous vous dirigez vers le secrétaire du syndicat patronal, rendez-vous au **37**

204

À la lecture de l'*e-mail*, vous comprenez que Jean est un peu inquiet au sujet des tensions avec les représentants du personnel. Il s'inquiète à propos de l'étude sur le stress des salariés de Carpentras qui a été prévue. Il vous rappelle que les représentants du personnel refusent de travailler avec le cabinet envisagé par la direction pour cette mission.

- ▶ Si vous disposez dans votre porte-documents de l'accord signé par les représentants du personnel, rendez-vous au **245**
- ▶ Sinon rendez-vous au **91**

205

Raphaël n'a pas besoin d'être beaucoup poussé pour accroître encore la fréquence de ses envois de messages. Il a même déjà des idées qui lui viennent... Ambiance assurée sur les *smartphones* ces prochaines semaines ! Vous perdez cependant 1 point de capital image.

Soulagé et content d'avoir bouclé le tour du *marketing*, vous quittez le bureau de Raphaël Lange pour retourner dans le vôtre et organiser votre déplacement au Vietnam. Rendez-vous au **35**.

206

Lorsque vous rejoignez l'usine Vitaljuices VN de Dalat, c'est au tour de Dung, le directeur commercial, de vous prendre en charge. Il souhaite bénéficier de votre présence pour peser dans une négociation commerciale de poids avec Vina Mart, le premier distributeur du pays. L'enjeu est important, puisqu'il s'agit aussi de votre premier client.

- ▶ Si vous souhaitez vous entretenir avec Dung sur la stratégie à adopter avec ce distributeur avant la réunion, rendez-vous au **210**
- ▶ Sinon, vous pouvez attendre l'arrivée du directeur commercial de Vina Mart, rendez-vous au **240**

207

Tem vous remercie de votre soutien et vous guide jusqu'à l'unité de mélange.

Vous découvrez le mélangeur quasiment neuf qui a été acquis grâce aux investissements de l'année précédente. À proximité du mélangeur, se trouve le filtre qui permet d'éliminer les morceaux d'écorce et de noyau des litchis. Vu l'état du sol, le branchement du filtre ne s'est pas fait sans peine. Les alimentations électriques n'ont pas été épargnées par la pulpe de litchi.

Vous êtes cependant un peu rassuré : les sept salariés présents sur la scène portent tous leurs équipements de protection individuelle.

- ► Si vous souhaitez féliciter les salariés pour leur respect des consignes au sujet des équipements de protection, rendez-vous **202**
- ► Si vous préférez réprimander Tem concernant le risque d'électrocution si les alimentations électriques continuent de baigner dans le jus de litchi, rendez-vous au **18**

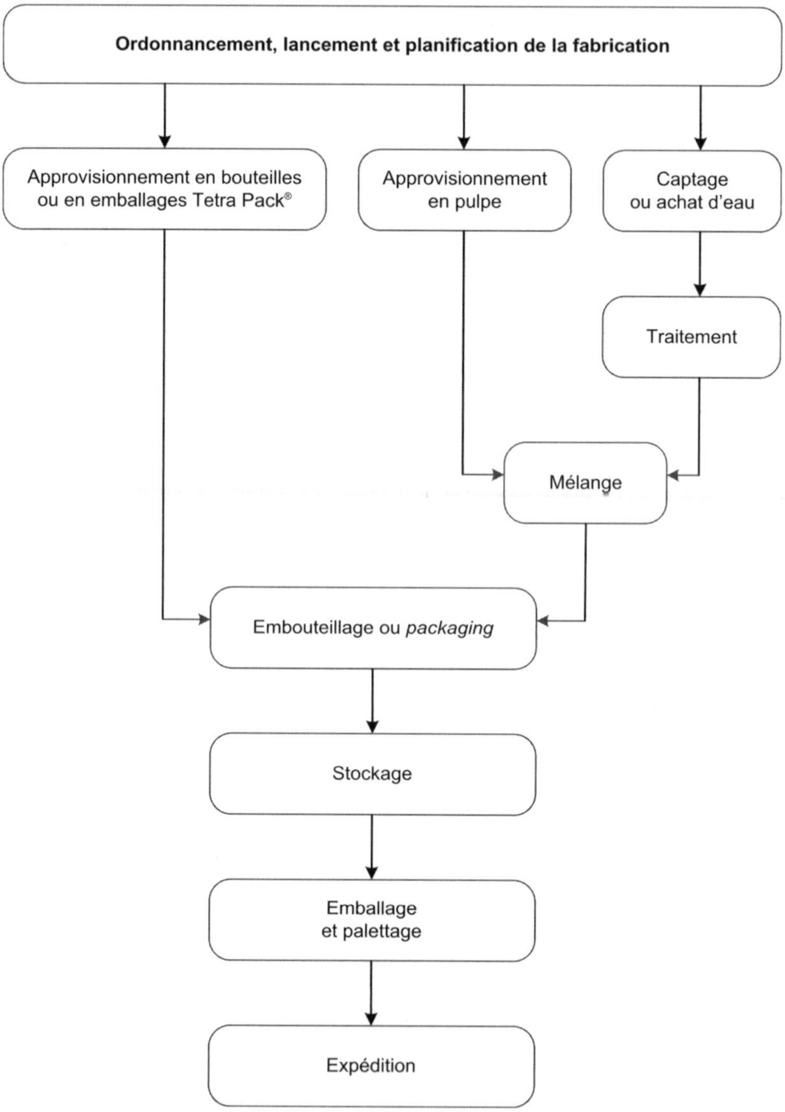

207 Le *process* de fabrication

208

La croissance de Vitaljuices VN est en partie liée à la pression exercée sur les fournisseurs locaux. Vous gagnez 2 points de capital économique. La contrepartie est évidente : la qualité des pulpes fournies baisse et les fournisseurs qui n'ont pas été retenus dans le nouveau panel sont mécontents. Vous perdez 1 point d'éthique. Vous prenez le chemin du bureau de la DRH à l'issue de l'entretien. Rendez-vous au **281**.

209

« Il est hors de question de renoncer à distribuer VinaJuices ! » vous déclare le directeur commercial de Vina Mart. C'est peine perdue. Vous transigez finalement sur un accord à 7 % de baisse du prix de vente de vos jus de fruits. Vous perdez 1 point de capital économique. La réunion terminée, vous décidez d'aller sur le terrain pour contrôler la distribution de vos jus de fruits auprès des détaillants. Rendez-vous au **19**.

210

Dung est très sûr de lui, inutile de vous en faire, d'ailleurs le directeur commercial de Vina Mart est déjà arrivé.

- ▶ Si vous souhaitez malgré tout imposer à Dung un temps de préparation de cette réunion, rendez-vous au **151**
- ▶ Sinon, vous rejoignez le directeur commercial, rendez-vous **240**

211

Les policiers vous demandent de descendre du scooter et sans que vous ayez eu le temps de réagir, vous les voyez charger votre deux-roues dans une camionnette où sont déjà stockées plusieurs autres motos. Dung n'a pas été arrêté, il s'est garé un peu en retrait et vous rejoint à pied.

- ▶ Si vous interpellez les policiers pour comprendre ce qui s'est passé, rendez-vous au **120**
- ▶ Si vous laissez Dung gérer cela, rendez-vous au **168**

212

Hang vous explique que la croissance de la productivité s'est appuyée sur plusieurs chantiers *Kaizen* conduits en parallèle :

- une meilleure maintenance de la chaîne d'embouteillage qui a permis d'augmenter la vitesse de mise en bouteille ;

- une simplification de l'étape de mise en carton grâce à une adaptation de l'encartonneuse ;
- la suppression des filtres de sortie sur les eaux de rinçage parce que ceux-ci se bouchaient fréquemment avec de la pulpe.

Vous les félicitez pour ces chantiers mais restez quand même surpris que ces filtres ne soient pas nécessaires. On vous répond qu'il n'y a pas de législation contraignante sur ce sujet au Vietnam. Vous gagnez 1 point de capital économique et vous perdez 2 points de réserve environnementale disponible. Si vous disposez d'une certification ISO 14001 dans votre porte-documents, vous devez la supprimer d'ici à votre prochain audit de suivi.

► Si vous souhaitez quand même avoir quelques précisions sur les indicateurs associés aux conditions de travail, rendez-vous au **193**

► Si vous préférez laisser la revue de processus s'achever et rendre visite directement à la DRH, rendez-vous au **281**

213

« Raphaël, faites un petit effort pour varier les sujets, il n'y a pas que les stars sulfureuses et les femmes plantureuses ! Si on reste trop longtemps sur un même stéréotype, on va clairement nous y associer... et là, on risque des réactions négatives. Alors oui, faites monter les ventes, ne changez rien à la stratégie mais variez les sujets. » Votre orientation est très claire pour Raphaël qui n'en demandait pas plus. Vous perdez 2 points d'éthique.

Soulagé et content d'avoir bouclé le tour du *marketing* mais content de l'avoir fait, vous quittez le bureau de Raphaël Lange pour retourner dans le vôtre et organiser votre déplacement au Vietnam. Rendez-vous au **35**.

214

Décidément, tous vos discours ne font qu'alimenter la réticence du maire au sujet de votre projet. Vous perdez 1 point d'éthique. Il vous remercie de votre enthousiasme et se dirige vers son prochain engagement. Rendez-vous au **127**.

215

Vous évoquez l'idée de déposer un brevet. Très fier de lui, Gervais vous demande s'il peut déposer ce brevet en son nom propre vu qu'il y a passé une bonne partie de ses congés et que l'idée lui tient à cœur. Avec une licence gracieuse et sans limite de temps pour Vitaljuices, cela va de soi.

- ▶ Si vous trouvez que l'idée de Gervais est juste, rendez-vous au **32**
- ▶ Si par contre vous estimez que l'idée revient à l'entreprise (et ce sera d'ailleurs son premier brevet, à votre connaissance), rendez-vous au **257**

216

Après une demi-heure de trajet en compagnie de Jeanne, vous sentez une tension perceptible s'installer chez elle. Vous avez sans doute bien fait de l'accompagner à ce rendez-vous. La rencontre s'annonce difficile à en croire les quelques mots qu'elle vous confie.

Une fois sur place, on vous installe dans une salle d'attente ou une vingtaine d'autres personnes patientent déjà.

- ▶ Si vous patientez calmement en attendant votre tour, rendez-vous au **162**
- ▶ Si vous préférez vous intéresser aux autres qui attendent à côté de vous, rendez-vous au **182**
- ▶ Si vous commencez à sentir que vous perdez votre temps, vous pouvez décider de déléguer à Jeanne ce qui est déjà son travail et rentrer au siège de Vitaljuices, rendez-vous au **268**

217

Une fois n'est pas coutume, c'est l'association Consomactor qui vous adresse une nouvelle relance suite à un jeu concours qui vous a permis de *booster* les ventes de jus multifruits à base de carotte et accessoirement de structurer une base de données de 8 000 consommateurs directs que Sandra du service *marketing* direct sollicite assez régulièrement. Consomactor prétend à juste titre que la base de données n'est pas déclarée à la CNIL et que les consommateurs ne peuvent pas s'en désinscrire.

- ▶ Si vous souhaitez inviter Jeanne et Sandra à faire une déclaration à la CNIL (ce dont vous savez d'expérience qu'elles le feront « pour la saint Glinglin ») rendez-vous au **63**
- ▶ Sinon, Jeanne vous accompagne pour rencontrer le chef des marchés BRICS, rendez-vous au **219**

218

Vous vous levez et vous dirigez vers l'accueil. Vous expliquez que vous ne pourrez pas rester : « Jeanne Tarzan assurera le rendez-vous comme à son habitude. » L'hôtesse d'accueil, bien que surprise, comprend bien votre position : « Vous n'êtes pas le premier à me tenir ce discours. » Cependant, elle vous informe que le rendez-vous précédent touche à sa fin et que cela va être à vous. Rendez-vous au **254**.

219

Staffan vous ouvre gentiment la porte de son bureau qui est juste assez grand pour vous trois. Sur les murs, des posters qui plantent le décor de sa mission : le Christ Rédempteur du Corcovado pour le Brésil, le Kremlin pour la Russie et le Taj Mahal pour l'Inde. Tout un programme...

► Si vous souhaitez évoquer le recours à une star du cinéma indien à l'image sulfureuse, rendez-vous au **95**

► Si vous préférez attaquer dans le vif du sujet de la corruption concernant une licence de distribution en banlieue nord de Rio de Janeiro, rendez-vous au **234**

220

Grâce au travail que vous avez pu conduire, tant auprès des instances représentatives du personnel de Vitaljuices France que de la filiale marocaine, les résultats sont là : tous soutiennent votre démarche. Vous vous dites que c'est un peu grâce à vous, mais que l'écoute à laquelle vous avez été parfois un peu forcé est une clé du dialogue. Il a parfois plus été question de combat que de dialogue, mais tout le monde n'a pas le même tempérament ni les mêmes aspirations. En tout cas, si les salariés y mettent du leur comme ils vous l'ont affirmé, il devrait y avoir une sacrée ambiance à cette rencontre.

Le projet mûrit et vous commencez à imaginer assez bien ce que pourrait donner la rencontre de Carpentras. Une introduction par la collectivité qui se félicite de la présence de Vitaljuices sur son territoire, vos salariés qui guident les clients et les partenaires dans la visite de l'usine, la mise en avant des deux sites étrangers par *Web* conférence. Pourquoi ne pas imaginer d'ailleurs un événement en simultané sur les autres sites à moyen terme ? Vous vous laissez aller à rêver lorsque brusquement se rappellent à vous les photos du journal au Vietnam et la campagne de l'ONG *Water Care*.

► Si vous disposez d'un accord pour envisager un partenariat avec *WWF* ou si vous êtes parvenu à signer un accord de partenariat avec *Water Care*, rendez-vous au **52**

► Sinon, rendez-vous au **126**

221

Au risque de maltraiter le peu qui vous reste, vous décidez de confirmer votre décision de lancer la rencontre. Mais pour y parvenir, il faudrait que vos partenaires d'affaires souhaitent s'associer au projet (et faire leur propre promotion, vous n'êtes pas naïf).

▶ Si vous avez dans votre porte-documents un cahier des charges fournisseur, un contrat de *designer* et un contrat de distribution, rendez-vous au **83**

▶ Sinon, rendez-vous au **192**

222

Ce n'est pas le premier problème qui se résorberait de lui-même au sein de Vitaljuices. On ne peut quand même pas tout envisager tout le temps. Vous perdez 1 point de système de management.

Après quelques coups de téléphone pour engager les affaires courantes, vous appelez votre assistante pour confirmer les détails de votre déplacement auprès de la filiale marocaine, rendez-vous au **291**.

223

À moins de 16 % de baisse de votre prix de vente, il ne cédera pas. C'est peine perdue. Vous transigez finalement sur un accord à 7 % de baisse du prix de vente de vos jus de fruits sans aucune contrepartie. Vous perdez 1 point de capital économique. La réunion achevée, vous décidez d'aller sur le terrain pour contrôler la distribution de vos jus de fruits auprès des détaillants. Rendez-vous au **19**.

224

La réunion prévue avec vos fournisseurs est tenue en hâte dans la semaine. Vos interlocuteurs menacent de porter plainte pour rupture de contrat et deux entreprises de transports vous informent qu'elles ne livreront plus à dater de ce jour. Vous calmez le jeu et proposez une réunion de concertation pour le mois prochain.

La réunion avec les sociétés de transports est confirmée pour le mois suivant. Trois des principales sociétés sont prêtes à faire des efforts, les autres ne sont pas intéressées. La société d'entretien et de gardiennage vous a envoyé un courrier vous signifiant qu'elle mettait un terme à son contrat. Vous organisez une réunion en urgence avec le directeur des achats pour qu'il trouve d'autres sociétés de transports et une autre société d'entretien et de gardiennage. Après étude, le surcoût sera de 7 % pour les transports et de 4 % pour le gardiennage et l'entretien, avec un surcoût plus important (10 %) dans les quatre prochains mois. Vous perdez 2 points de capital image et 2 points de capital économique.

Votre mission au Maroc touche à sa fin, il est temps pour vous de rentrer en France. Rendez-vous au **229**.

225

Une fois de plus vous n'accédez pas à sa demande mais vous lui assurez que vous continuez à être ravi de travailler avec lui. Vous gagnez 1 point de capital économique. Vous finissez par appeler votre assistante pour confirmer les détails de votre déplacement auprès de la filiale marocaine, rendez-vous au **38**.

226

Le Président de la CCI fait un discours d'introduction très brillant et les applaudissements sont nourris. Excellence du territoire, dynamisation économique, soutien aux entrepreneurs environnementalement responsables, politique d'innovation, etc., tous les sujets sont évoqués. Jacques Adie complète le discours avec quelques mots et introduit votre présentation. À vous de choisir la tonalité de votre intervention.

- ► Si vous mettez en avant le dynamisme économique de Vitaljuices et la capacité d'une PME locale à se développer à l'international comme un exemple à suivre, rendez-vous au **203**
- ► Si vous présentez Vitaljuices comme un acteur d'intégration sociale sur le plan local et en particulier sur la commune de Carpentras, rendez-vous au **109**
- ► Si vous présentez votre projet d'implanter une unité de lavage et de rinçage avec un indice de consommation d'eau bien maîtrisé sur la commune de Jacinthe-la-Jolie, rendez-vous au **41**

227

Cela vous fait beaucoup de bien de vous détendre après douze heures de vol. On vient vous servir une tasse de thé vert traditionnel. Vous avez à peine le temps de finir votre tasse que Tem est déjà de retour. La filtration des pulpes qu'ils ont dû mettre en place fonctionne bien, mais cela induit un coût supplémentaire. Rendez-vous au **276**.

228

La discussion est âpre mais vous parvenez *in fine* à un accord contractuel assez poussé : Vina Mart mettra vos produits sucrés en avant. Cependant il vous aura fallu concéder non pas 12 mais 14 % de baisse de votre prix de vente. Vous perdez 2 points de capital économique aujourd'hui mais vous espérez bien en gagner davantage plus tard. Quand vous aurez parcouru trente numéros supplémentaires de votre aventure à compter de ce paragraphe, vous récupérerez 5 points de capital économique. Cet accord assez peu diététique vous coûte cependant 1 point d'éthique. Vous pouvez ranger dans votre porte-documents le contrat de distribution « Nutrition+ » que vous accorde le directeur commercial de Vina Mart. La réunion terminée, vous décidez d'aller sur le terrain pour contrôler la distribution de vos jus de fruits auprès des détaillants. Rendez-vous au **19**.

229

Vous êtes de retour en France. Le volume de travail qui vous attend ne s'est pas réduit pendant votre mission au Maroc, loin de là. Vous songez à une réflexion vieille d'un an. Vous vous étiez fixé comme objectif personnel de dégager 20 % de votre temps pour parvenir à respirer un peu, prendre du recul et vous réapproprier une famille qui vous respecte d'autant plus qu'elle ne vous attend plus trop le soir pour dîner… Mais cet objectif est passé aux oubliettes, aussi vite que vous l'aviez formulé. Vous vous demandez, mais sans vouloir y répondre vraiment, si quelque chose ne vous échappe pas. Dans une autre vie peut-être…

Au lendemain de votre retour en métropole, vous avez prévu de faire le point avec la direction commerciale. Jeanne Tarzan assure cette direction depuis cinq ans, avec les résultats que l'on connaît : la croissance des ventes en zone Europe est lente mais elle a la volonté farouche de rattraper les concurrents dans les pays BRICS (Brésil, Russie, Inde, Chine, Afrique du Sud). En contrepartie, l'ONG Les Saintes Nitouches (LSN) vous accuse de pratiques douteuses et notamment de corruption. Mais les résultats sont là et Jeanne vous le rappelle. C'est d'ailleurs elle que vous allez voir. Rendez-vous au **14**.

230

Malgré vos efforts, vous succombez aux arguments de Jeanne. Il y a des choses qui ne se discutent pas. Vous ne quittez pas Jeanne pour autant puisqu'elle vous accompagne auprès de Staffan qui est en charge des marchés BRICS. Rendez-vous au **219**.

231

L'art contemporain vous intéresse, le chargé d'action culturelle est motivé, vous signez donc pour soutenir cet artiste qui produit des laques. Peu importe, au vu des besoins culturels locaux, que cette action ne soit pas aussi pertinente que le village d'artisans. Vous perdez 1 point de capital économique et 1 point d'éthique. Pour vous remercier, le chargé d'action culturelle vous remet une miniature en laque figurant une tige de bambou que vous rangez dans votre porte-documents. Rendez-vous au **320**.

232

Votre projet de session multi-parties prenantes progresse dans le bon sens. Après investigation auprès de deux de vos principaux distributeurs, ces derniers répondent présents. De même, plusieurs fournisseurs de proximité du site de Carpentras ont témoigné leur intérêt pour votre projet. Si vous rassemblez dans la même salle tous les acteurs de votre chaîne de valeur, la rencontre gagne immédiatement en professionnalisme. Vous êtes parvenu à associer plusieurs catégories de parties prenantes (collectivités, clients et fournisseurs) avec l'assurance de leur confiance et de leur soutien. Mais il n'est pas envisageable de les faire venir simplement pour passer un bon moment. Si vous faites se déplacer du monde et des acteurs influents sur l'activité de votre entreprise, il va falloir être cohérent jusqu'au bout et envisager de travailler ensemble lors de cette rencontre… et pas seulement se congratuler mutuellement de la beauté de l'événement. Mais ce ne sont là que des parties prenantes externes. Et il vous faut maintenant examiner une autre partie de la chaîne de valeur : l'interne.

En interne, la tâche n'a pas été simple ces derniers temps au Maroc. Vous le savez très bien, les choses ne sont jamais gagnées d'avance.

- ▶ Si vous êtes parvenu à négocier une convention cadre sur l'emploi et la GPEC et que vous l'avez dans votre porte-documents, rendez-vous au **293**
- ▶ Sinon, rendez-vous au **97**

233

Dung reste sur sa position. Vous lui imposez donc de vous laisser mener la discussion. Vous perdez 1 point de système de management.

Le directeur commercial de Vina Mart est arrivé un peu en avance, il vous attend en salle de réunion accompagné de trois assistants ! Dès le début des échanges, il vous présente son point de vue de façon très directe : « Si Vitaljuices VN ne baisse pas ses prix de 12 %, Vina Mart va devoir se résoudre à ne plus distribuer vos jus de fruits. »

- ▶ Si vous souhaitez proposer un contrat qui implique que Vina Mart ne distribue plus votre premier concurrent en échange d'un prix de vente à la baisse, rendez-vous au **299**
- ▶ Si par contre vous envisagez qu'il mette en avant les produits à plus forte marge pour vous, c'est-à-dire les jus à base de pulpe de qualité modérée additionnée en sucre, rendez-vous au **73**
- ▶ Si vous préférez tenir bon et ne rien céder sur le prix de vente au nom de la qualité de vos jus de fruits, rendez-vous au **70**

234

Staffan ne nie pas les faits. « La situation est assez simple, vous explique-t-il. Sans cette licence de distribution, c'est 8 % du marché de la capitale qui nous échappe ! Et vu le peu d'appuis politiques dont dispose Vitaljuices au Brésil, je ne vois pas comment pousser les choses autrement. »

- Si vous refusez ces pratiques de corruption et affirmez que l'on ne fait pas d'affaires de cette manière chez Vitaljuices, rendez-vous au **147**
- Si vous souhaitez lui proposer une légère alternative en fonction du retour sur investissement attendu sur ce marché brésilien, rendez-vous au **13**
- Si par contre vous proposez une promotion locale en lien avec une télé-évangéliste locale à la morale irréprochable, rendez-vous au **187**

235 « La discussion est âpre »

235

La discussion est âpre, mais vous parvenez *in fine* à un accord contractuel assez poussé : Vina Mart ne distribuera plus les jus de VinaJuices, votre premier concurrent local. Cependant, il vous aura fallu concéder non pas 12 % mais 14 % de baisse de votre prix de vente. Vous perdez 2 points de capital économique aujourd'hui, mais vous espérez bien en gagner davantage plus tard. Quand vous aurez parcouru trente numéros supplémentaires de votre aventure à compter de ce paragraphe, vous récupérerez 5 points de capital économique. Cet accord assez peu loyal envers VinaJuices vous coûte cependant 1 point d'éthique. Vous pouvez ranger dans votre porte-documents le contrat de distribution exclusive que vous accorde Vina Mart. La réunion achevée, vous décidez d'aller sur le terrain pour vérifier la distribution de vos jus de fruits auprès des détaillants. Rendez-vous au **19**.

236

Raphaël est très enthousiaste sur le sujet : « Mais si les gens ne veulent pas recevoir de message sur leurs *smartphones*, ils n'avaient qu'à rester à l'âge du téléphone fixe, juste après le néolithique ! C'est comme acheter une belle caisse pour la laisser au garage, de peur qu'elle ne nous emmène quelque part sans qu'on le veuille. Les gens sont adultes, bon sang ! On est connecté ou on n'existe pas, il faut choisir et arrêter de dire que c'est la société qui vous agresse ! »

- ► Si vous partagez le point de vue de Raphaël et souhaitez l'encourager dans cette voie, rendez-vous au **205**
- ► Si par contre vous campez sur votre position initiale et souhaitez faire changer les pratiques de *marketing* direct, rendez-vous au **199**.

237

Albert s'attendait à ce que vous ne vous avouiez pas vaincu aussi facilement. Aussi décide-t-il de changer d'angle d'attaque aussi rapidement qu'il vous a abordé à l'entrée dans le bureau : « Je vous laisse le choix : soit vous me financez un audit de votre site de production au Vietnam avec quinze jours de tourisme local à la clé pour moi et ma petite famille, soit vous financez directement la Fondation Distribouf pour le développement et la solidarité. »

- ► Si vous souhaitez traiter du voyage et voir comment vous pouvez en tirer quelque chose, rendez-vous au **69**
- ► Si vous préférez évoquer la possibilité d'un mécénat, rendez-vous au **114**

238

Mai partage votre approche, mais les fournisseurs ne sont pas faciles à motiver sur ce plan. Vous allez devoir tenter une rencontre avec un fournisseur pour déterminer si une telle amélioration est envisageable :

• Fournisseur de pulpe •
Confiance interne : 5

▶ Si la rencontre est un succès, rendez-vous au **121**

▶ Si la rencontre est un échec, rendez-vous au **2**

239

Les collaborateurs et leurs représentants sont tous là. La réunion est très tendue, vous êtes accueilli par des huées et on demande votre renvoi. Vous êtes accompagné d'un huissier, d'un inspecteur du travail et des cadres de l'usine. M. Hamidou, représentant du personnel et doyen des salariés, demande la parole. Tout de suite, vous déclarez : « Je regrette le blocage ! Je souhaite l'ouverture immédiate d'une négociation ! » Et vous lui donnez la parole.

Il met en lumière les contradictions de la politique de Vitaljuices MA qui affiche de beaux principes mais qui ne s'engage sur rien. Il est applaudi par l'ensemble du personnel. Le désordre dans la salle est total, il faut utiliser les micros et faire de nombreux appels au calme. Le DRH monte sur la table et obtient enfin le calme, il vous donne la parole.

▶ Si vous proposez l'assistance et l'arbitrage de l'inspection du travail, rendez-vous au **260**

▶ Si vous déclarez que l'on ne sortira pas de la salle sans un accord de tous, que cette grève est une menace de plus sur la vie de l'entreprise, que vous n'accepterez que ce qui est conforme au droit du travail et que l'arbitre sera l'inspecteur du travail ici présent, rendez-vous au **246**

240

Le directeur commercial de Vina Mart est arrivé un peu en avance, il vous attend en salle de réunion, accompagné de trois assistants ! Dès le début des échanges, il vous présente son point de vue de façon très directe : si Vitaljuices VN ne baisse pas ses prix de 12 %, Vina Mart va devoir se résoudre à ne plus distribuer vos jus de fruits.

▶ Si vous souhaitez proposer un contrat qui implique que Vina Mart ne distribue plus votre premier concurrent en échange d'un prix de vente à la baisse, rendez-vous au **299**

▶ Si par contre, vous envisagez qu'il mette en avant les produits à plus forte marge pour vous, c'est-à-dire les jus à base de pulpe de qualité modérée additionnée en sucre, rendez-vous au **73**

▶ Si vous préférez tenir bon et ne rien céder sur le prix de vente au nom de la qualité de vos jus de fruits, rendez-vous au **70**

241

Les collaborateurs n'apprécient pas que vous ne respectiez pas les règles du dialogue social. Le service d'embouteillage et de stockage bloque les zones de travail ainsi que l'entrée et la sortie du camion. Ils vous annoncent qu'ils refusent de signer la convention collective et vous informent qu'un préavis de grève a été déposé pour la semaine suivante. M. Maaroufi, représentant de la CTM (Confédération des travailleurs marocains), vous dit : « La presse sera au courant de ce qui se passe à Vitaljuices MA. Le service commercial et le service administratif envisagent également la grève comme seule issue. Ils ne comprennent pas pourquoi Vitaljuices MA refuse l'application de la loi alors qu'en France tout est respecté et que la convention collective est beaucoup plus intéressante pour les salariés ! » Vous perdez 1 point d'éthique. Rendez-vous au **197**.

242

Vous avez beau insister, la suppression des filtres relève du chantier d'amélioration *Kaizen* précédent. L'équipe vietnamienne n'est pas prête à s'engager dans votre sens. Vous convainquez tout de même Tem d'inscrire cela à l'ordre du jour de la prochaine réunion de pilotage du processus. La fin de la réunion de revue de processus se conclut sans souci.

- ► Si vous souhaitez approfondir le sujet et solliciter la responsable des achats, rendez-vous au **82**
- ► Sinon, Tem vous conduit au bureau d'Anh Thi, rendez-vous au **281**

243

Le client est ravi de vous avoir au téléphone, cela fait plusieurs jours qu'il attendait d'être rappelé. Il souhaitait savoir si vous pouviez lui accorder un meilleur prix sur l'ensemble de ses commandes de l'année. En effet, le volume global d'achat a été de 7 % supérieur à ce qui avait été prévu. Il vous demande 2 % de réduction sur le prix unitaire du jus de fruits.

- ► Si vous acceptez d'accorder la réduction, rendez-vous au **29**
- ► Sinon, rendez-vous au **225**

244

Associer la CCI est évidemment une bonne idée mais pour ne pas faire de jaloux et garantir une bonne intégration territoriale, peut-être conviendrait-il d'associer une collectivité à votre démarche.

- ► Si vous avez un avis favorable du conseil municipal ou l'attestation du paiement de vos taxes au Vietnam dans votre porte-documents, rendez-vous au **252**
- ► Sinon rendez-vous au **85**

245

Vous entamez la rédaction de votre *e-mail* de réponse : « Mon cher Jean, même si c'est parfois difficile, j'en conviens, les tensions entre nous sont nécessaires pour que chacun puisse pousser ses arguments et sa motivation jusqu'au bout. Je verrais d'un mauvais œil un accord de principe qui ne nous engage pas vraiment Jade, toi et moi. Imagine que le budget soit consommé et que les instances représentatives du personnel boudent les résultats. C'est une issue que je n'envisage pas. Tu trouveras en pièce jointe un document qui te fera plaisir, Jade me l'a remis ce matin. » Et vous joignez une copie de l'accord en votre possession.

Après quelques coups de téléphone pour engager les affaires courantes, vous appelez votre assistante pour confirmer les détails de votre déplacement auprès de la filiale marocaine, rendez-vous au **291**.

246

La réunion démarre avec une déclaration du délégué de la CTM Mohamed Maaroufi qui explique : « La position prise par les salariés prend en compte les quatre dernières années bénéficiaires du groupe et les déclarations de la direction générale sur son engagement sociétal visant à respecter et à préserver son capital le plus important : le personnel. » L'inspecteur du travail explique pour sa part : « Si on se positionne uniquement du point de vue du droit du travail, l'usine Vitaljuices MA est globalement conforme à la législation du travail. Seule la grille des salaires des personnels techniques doit être révisée ainsi que celles des personnels saisonniers. Et quelques aménagements doivent être effectués dans les locaux communs pour améliorer la situation des vestiaires, du restaurant et de la mosquée. »

- ► Si vous dites que vous êtes d'accord pour mettre tout cela en place dans l'année, que vous pensez qu'il faut renouer le dialogue et profiter de l'action de la CGEM sur le label social pour mieux s'engager ensemble, rendez-vous au **10**
- ► Si vous dites que vous n'êtes prêt qu'à respecter les éléments strictement légaux identifiés par l'inspection du travail, rendez-vous au **170**

247

À l'issue de votre échange, Ludovic Laipadissy conclut : « Vitaljuices est éligible pour obtenir un financement de la part du syndicat sur votre projet de RSE ! » Vous gagnez 1 point de capital économique. Votre interlocuteur vous invite à pousser d'autres organisations dans le même sens et envisage la rédaction d'une tribune sur le site de la CCI qui puisse faire état de votre approche.

► Si vous n'avez pas encore rencontré le maire, vous pouvez le faire si vous le souhaitez en vous rendant au **94**

► Sinon, rendez-vous au **127**

248

Anh Thi est hors d'elle : « Si vous ne me faites pas confiance et que vous ne soutenez aucune de mes initiatives, ce n'est pas la peine que je reste ! » Elle vous présente sa démission et sort du bureau en larmes. Tem n'en croit pas ses yeux. Vous êtes sous le choc. Vous perdez 3 points de confiance interne et 2 points de système de management. Rendez-vous au **12**.

249

Une fois dans votre bureau, vous contemplez la photo de l'équipe de football Vitaljuices Maroc qui a gagné le trophée régional il y a cinq ans, à l'époque où vous étiez en charge des ventes pour la filiale marocaine. Le temps où vous étiez en prise directe avec les équipes de terrain est loin désormais. Vous vous dites que les temps ont changé et que votre prise de responsabilité aurait nécessité davantage de vigilance de votre part sur ce point. Juste à côté de la photo, se trouve l'organigramme de votre structure.

► Si vous décidez d'examiner le courrier qui est sur votre bureau, rendez-vous au **157**

► Si vous prenez votre téléphone pour appeler un client que vous deviez rappeler depuis plusieurs jours, rendez-vous au **243**

► Si vous commencez par relever vos *e-mails*, rendez-vous au **189**

► Si vous appelez votre assistante pour confirmer le détail de votre déplacement (qui vous tient à cœur) auprès de la filiale marocaine, rendez-vous au **38**

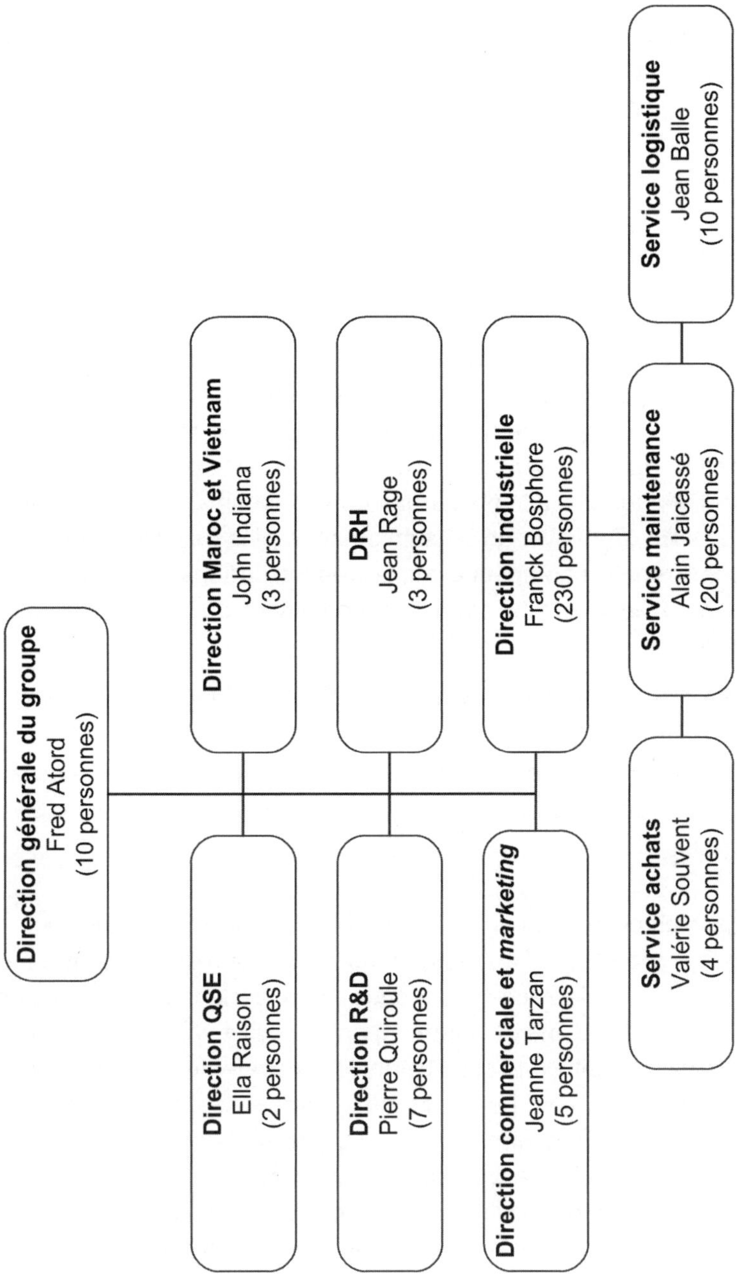

249 Organigramme de Vitaljuices France

250

La mise en place de ce programme vous coûte 1 point de capital économique et vous rapporte 1 point de confiance interne. La discussion touche à sa fin. Vous remerciez Anh Thi de son travail et quittez le bureau avec Tem. Rendez-vous au **12**.

251

Patrice vous explique assez simplement que Vitaljuices, comme d'autres entreprises du secteur, se contente aujourd'hui de reproduire à l'identique des emballages comme on en a toujours fait et ne s'interroge plus sur l'utilisation qui en est faite par le distributeur ou le consommateur. Il vous explique : « Moi, par exemple, je renverse systématiquement du jus de fruits en ouvrant une brique neuve, et j'ai du mal à la refermer s'il n'y a pas de dispositif adapté. Par contre, c'est facile à plier pour prendre moins de place dans la poubelle. J'ai été surpris de voir comment un ami avait réutilisé une brique pour m'envoyer un colis en préservant la fraîcheur de son contenu. Je propose de vous accompagner sur la création de liens entre la re-conception de votre emballage et les capacités cognitives des futurs utilisateurs de la brique. »

- ► Si vous avez un sérieux doute sur l'apport possible du projet de Patrice, rendez-vous au **39**
- ► Si par contre vous pensez que c'est une initiative qui va vous apporter quelque chose et qu'il faut absolument aller plus loin, rendez-vous au **15**

252

Il vous apparaît clairement que vous ne pourriez naïvement inviter vos parties prenantes au Vietnam ou au Maroc pour cette première rencontre, ce serait une attitude un peu déplacée. Par contre, si l'expérience est un succès, alors oui, il faudra conduire une deuxième opération, d'ici un an par exemple. Votre réflexion vous conduit à une conclusion assez évidente : le site de Carpentras paraît la meilleure option. Le programme semble se dessiner spontanément devant vous : une rencontre pas trop longue mais bien dynamique, basée sur les objectifs visés et les retours d'expérience associés. À l'issue de la rencontre, une visite du site puis une soirée conviviale, ludique, mais sans excès. Que les participants gardent une bonne impression, voilà le but. Si déjà vous parvenez à cela c'est gagné et cela vous autorisera à reconduire l'opération. Peut-être même que le maire sera honoré que Carpentras accueille cet événement ? Ce sera sans doute une première pour ce genre de rencontre. Et associer localement la CCI, c'est un gage pour que cette dernière se rende disponible.

Pour déterminer si vous avez les moyens de vos ambitions, vous vous penchez sur le plan de financement et le management de l'événement.

► Si votre capital économique et votre système de management sont supérieurs à 2, rendez-vous au **133**

► Si votre capital économique **ou** votre système de management est inférieur ou égal à 2, rendez-vous au **84**

► Si votre capital économique **et** votre système de management sont inférieurs ou égaux à 2, rendez-vous au **150**

253

La commercialisation d'un nouveau *mix* produit ne s'improvise pas, vous en êtes convaincu. À première vue, l'association de Vitaljuices à un autre produit ne vous séduit pas non plus. Mais un nouveau marché ne se conquiert pas sans ambition.

► Si vous acceptez l'idée de Vladimir pour le *mix* produit, rendez-vous au **159**

► Sinon, rendez-vous au **289**

254

Après une brève attente, le bureau derrière la paroi vitrée se vide. C'est à votre tour de rentrer dans l'arène, en tout cas, c'est l'impression que vous avez. Albert entre directement dans le vif du sujet, histoire de vous mettre à l'aise. « La conjoncture n'est pas bonne, nous n'allons pas pouvoir rester sur les mêmes niveaux de marge que l'année passée. Pour le jus de fraise produit au Maroc, nous ne pourrons pas dépasser les 17 euros par pack de douze briques, sous réserve que l'on parvienne à en vendre. Nos calculs sont faits, c'est à prendre ou à laisser ! Et je ne crois pas que vous ayez vraiment le choix ! » dit-il en regardant vos concurrents qui patientent de l'autre côté de la vitre. Vous qui pensiez au moins rester sur les 20 euros histoire de pouvoir amortir les frais sur les dépulpeurs… À ce tarif-là, vous devez être quasiment au coût de production, à 2 % près.

► Si vous acceptez la proposition d'Albert, rendez-vous au **108**

► Sinon, rendez-vous au **237**

255

Staffan trouve votre idée intéressante mais ne dispose pas du budget pour la réaliser. Vous décidez de vous en charger. Vous perdez 1 point de capital économique mais vous gagnez 1 point de système de management. Jeanne vous tire un peu par la manche, l'interlocuteur russe avec lequel vous devez vous entretenir vous attend. Vous quittez Staffan. Rendez-vous au **273**.

256

Vos partenaires d'affaires (vos clients et vos fournisseurs), des parties prenantes de première importance, vont soutenir votre démarche. C'est de bon augure pour la suite de votre activité. Vous avez réussi à établir une relation aussi constructive que possible étant donné votre activité et le type de partenaires avec lesquels vous traitez. La question est maintenant de savoir si vous bénéficierez du même soutien en interne. Pour cela rendez-vous au **232**.

257

Le visage de Gervais se ferme brusquement. Lui qui paraissait si motivé il y a quelques instants ne vous regarde plus tout à fait en face. Vous perdez 1 point de confiance interne. Timidement, il vous dit qu'il a une autre idée à vous suggérer.

- ► Si vous souhaitez encore l'écouter, rendez-vous au **89**
- ► Sinon, rendez-vous au **165**

258

Vous êtes à la veille de votre session multi-parties prenantes. Vous ressentez une angoisse assez forte. Pour l'instant, personne ne s'est encore décommandé. Le courrier du matin arrive dans votre bureau.

- ► Si vous possédez une miniature en laque figurant une tige de bambou, rendez-vous au **324**
- ► Sinon, rendez-vous au **143**

259

Pour une fois vous sortez la tête haute de la discussion. Vous mettez dans votre porte-documents un accord signé de la main d'Albert disant qu'il renonce pour l'instant à un financement supplémentaire et que vous avez signé en lieu et place un accord pour un partenariat avec la *WWF*. Vous gagnez 1 point d'éthique. C'est un succès. Jeanne, toute souriante, vous raccompagne sur le chemin du retour au siège. Rendez-vous au **139**.

260

La salle de réunion est comble, tous les grévistes sont là. Le DRH tente d'obtenir un peu de silence et propose que la réunion se fasse entre les représentants du personnel et les délégués et que le résultat soit transmis aux collaborateurs dans la journée. Ces derniers acceptent à condition que tout soit enregistré. L'inspecteur du travail débute la réunion avec les représentants et les délégués en rappelant son rôle d'arbitre et de garant de l'application du droit du travail. Il souligne que la convention collective, si elle est acceptée, va bien au-delà du droit du travail en matière de condition de rémunération, de couverture sociale et de préservation de l'employabilité des salariés.

- ► Si vous proposez que la convention collective soit appliquée en deux ans à dater d'aujourd'hui, rendez-vous au **296**
- ► Si vous proposez que compte tenu du climat actuel, vous ne prendrez des dispositions que dans le cadre du respect du Code du travail, rendez-vous au **246**

261

Vous vous emballez et vous vous lancez dans une présentation du projet qui vous tient à cœur. Mais vous comprenez assez rapidement que Jade n'est pas très au fait de ce qu'englobe une démarche de responsabilité sociétale. Malgré votre tentative pour préciser les choses, Jade ne semble pas saisir la portée de ce que vous lui dites. Si vous décidez :

- ► de prendre le temps d'un échange plus long dans votre bureau, rendez-vous au **48**
- ► de changer de sujet et d'évoquer l'étude sur le stress et les conditions de travail, rendez-vous au **132**
- ► de laisser tomber et de retourner dans votre bureau, rendez-vous au **249**

262

De retour dans votre bureau, vous tombez sur un message vous rappelant de confirmer vos préférences pour le vol qui doit vous emmener au Vietnam.

- ► Si vous souhaitez confirmer votre vol, rendez-vous au **35**
- ► Si par contre vous voulez essayer de passer un coup de fil chez vous, rendez-vous au **31**

263

Vous invitez le DRH et le directeur de production à déjeuner. Vous souhaitez avoir leur avis pour que les collaborateurs soient concertés. Vous convenez ensemble que le meilleur moyen est de les réunir tous, dès le lendemain.

Les représentants du personnel et les représentants syndicaux sont convoqués dès l'après-midi pour organiser tout cela avec vous, sous la direction du DRH, M. Lahbabi. Le DRH explique les enjeux. Selon lui, « le fort *turn-over* est dû, entre autres, à une grille salariale discriminante et au non-respect de la convention collective alors que Vitaljuices MA se présente toujours comme étant en avance sur les engagements sociaux ». La réunion s'organise dès le lendemain au sein des services pour permettre à tout le monde de poser des questions si nécessaire. Les collaborateurs apprécient votre respect des règles afin de contribuer à un meilleur dialogue social, le fait que vous ayez pris le temps de discuter et votre engagement dans le programme CGEM. Il manifeste son approbation en envisageant d'approuver sans réserve la nouvelle convention collective et pose cependant comme condition que l'effet soit immédiat. Mais pour cela, vous devez déterminer si la réunion et un succès ou un échec :

• Collaborateurs marocains •
Confiance interne 7

► Si la réunion est un succès, rendez-vous au **303**

► Si la réunion est un échec, rendez-vous au **241**

264

Jeanne n'en croit pas ses oreilles. « C'est de la poudre aux yeux ! C'est pour faire plaisir aux auditeurs externes que tu fais ça ! » vous jette-t-elle à la figure. « Mais si cela te fait plaisir, on fera un *workshop*[20] en juin à Marrakech sur le sujet, notre filiale marocaine doit bien avoir des choses à nous apprendre ! » Vous sentez que l'initiative ne vous correspond plus totalement, mais il faut bien commencer par quelque chose.

Vous gagnez 1 point d'éthique et 1 point de système de management. Vous ne quittez pas Jeanne pour autant puisqu'elle vous accompagne auprès de Staffan qui est en charge des marchés BRICS. Rendez-vous au **219**.

265

Albert et vous-même êtes chacun persuadés d'avoir joué un bon coup à l'autre. Vous gagnez 1 point de capital économique mais vous perdez 1 point d'éthique. Vous n'êtes pas sûr que Jeanne partage votre point de vue, elle a l'air un peu perplexe devant la scène qui se joue et ne semble pas parvenir à y prendre part.

Au moment où vous alliez quitter la pièce, Albert vous interpelle : « Au fait, au sujet de la renégociation des tarifs d'ici à la fin d'année, lorsque l'on

20 Atelier.

connaîtra les volumes de vente réalisés, j'ai estimé que vous me devrez une ristourne rétrospective de 10 % environ sur le volume des ventes. »

► Si vous décidez de traiter de ce sujet avec lui, rendez-vous au **49**

► Si vous en avez assez entendu pour aujourd'hui, tout cela pour une seule référence de produit, et que vous préférez lui fausser compagnie pour rentrer au siège, rendez-vous au **139**

266

Malgré la tension apparente, Tem convient que la sécurité ne peut souffrir aucune exception et qu'il va faire son possible pour mieux maîtriser les situations de presqu'accident. Vous gagnez 1 point de système de management. Vous quittez la zone du mélangeur pour examiner le reste de la production, rendez-vous au **276**.

267

Sur le chemin, vous passez voir Pierre Quiroule au bureau d'études. Il habite à Jacinthe-la-Jolie et vous teniez à connaître le climat de la commune ces derniers jours.

Sur place, le président de la CCI fait un discours d'introduction très brillant et les applaudissements sont nourris. Excellence du territoire, dynamisation économique, soutien aux entreprises respectueuses de l'environnement, politique d'innovation, etc. : tous les sujets sont évoqués. Jacques Adie, le directeur général, complète par quelques mots pour introduire les entretiens individuels préqualifiés par la CCI. On vient vous accompagner vers l'espace des rencontres individuelles. Vous apercevez le maire de Jacinthe-la-Jolie qui discute non loin de vous. Vous allez à sa rencontre, rendez-vous au **94**.

268

De retour au siège, vous prenez un café au service *marketing* qui vous doit bien cela après le moment désagréable que vous avez passé. Quand il vous voit, un ingénieur de l'équipe en profite pour vous demander un rendez-vous. Il souhaite vous parler d'un « truc super ». De votre côté, vous alliez rejoindre votre bureau pour traiter le cas du Vietnam qui vous semble prioritaire.

► Si vous vous attelez au dossier de la filiale vietnamienne, rendez-vous au **35**

► Si vous souhaitez aller vous perdre dans le bureau de l'ingénieur, rendez-vous au **96**

► Si l'envie vous prend de passer un coup de fil chez vous, rendez-vous au **149**

269

Vous imaginez déjà l'expression défaite sur le visage de Jade lorsqu'elle sera contrainte de signer l'accord. Jean Rage, votre DRH, sait se montrer persuasif dans les situations délicates. Il va sans doute motiver quelques salariés sur lesquels il peut s'appuyer pour qu'ils poussent Jade à la signature. Vous perdez 1 point d'éthique.

Après quelques coups de téléphone pour engager les affaires courantes, vous appelez votre assistante pour confirmer les détails de votre déplacement auprès de la filiale marocaine, rendez-vous au **291**.

270

Le sujet de la charte fournisseur ne semble pas passionner Mai.

- ► Si vous lui présentez une charte déjà élaborée par votre association professionnelle régionale, rendez-vous au **11**
- ► Si vous lui proposez de déterminer un panel de quatre fournisseurs avec lesquels élaborer une charte sur mesure avec une échéance de trois mois, rendez-vous au **292**

271

« Deux heures de pause sur le temps de midi, c'est un peu fort quand même, il me semble qu'on était parvenu à un accord de réduction à une durée d'une heure » avancez-vous. Anh Thi vous répond : « J'ai bien essayé, mais les salariés continuent à faire une sieste d'une demi-heure à une heure dans l'atelier. Et la productivité n'y est pas. Et cela risque même d'engendrer des accidents supplémentaires. »

- ► Si vous vous rangez à ses arguments, rendez-vous au **57**
- ► Sinon, rendez-vous au **40**

272

Vous réunissez l'ensemble des cadres et des actionnaires au Kenzi Palace en face de la Mamounia. Le *workshop* est animé par la journaliste Kenza Touira. Les travaux conduisent à l'élaboration d'une stratégie intitulée « 5 au carré », reposant sur une lettre d'engagement et un plan d'action qui comptent chacun cinq points. La lettre engage l'ensemble des collaborateurs de Vitaljuices à :

1. mettre en œuvre la stratégie de la direction ;
2. respecter l'intégralité des actionnaires quel que soit leur poids dans le capital de la société ;
3. se mettre en conformité avec le label CGEM ;

4. lutter contre la corruption interne et externe ;
5. améliorer la satisfaction clients.

Le plan d'action inclut :

1. la mise en conformité immédiate des étiquetages pour les produits ;
2. le lancement de la mise en place d'un système de management environnemental conforme à l'ISO 14001 ;
3. le lancement d'une étude pour une meilleure utilisation des ressources en eau et le respect des exigences environnementale de l'ISO 26000 sur l'utilisation des ressources ;
4. le lancement d'une remise à plat sur cinq ans des grilles salariales hommes/femmes ;
5. le lancement d'un programme de responsabilité sociétale intégré.

Les représentants du personnel vous informent qu'ils ne soutiendront pas cette charte. Contrairement à leur souhait, ils n'ont pas été associés à la démarche de responsabilité sociétale. Vous gagnez 1 point de capital économique et vous perdez 1 point de confiance interne.

Il est à présent temps pour vous de lancer les actions auprès des fournisseurs, rendez-vous au **141**.

272 Le marchand de jus de fruits frais à proximité du Kenzi Palace

273

Vladimir Tachdrenkr, « consultant en implantations délicates », se présente à vous. Jeanne vous explique que Vladimir donne un coup de main pour l'implantation des produits Vitaljuices en zone russophone et en particulier en Russie dans un premier temps. « Consultant en implantations douteuses ! » vous surprenez-vous à penser alors que vous détaillez sa tenue et surtout son allure. Vous ne seriez pas surpris de voir une épaisse liasse de billets déborder de la poche intérieure de sa veste en cuir type Perfecto *vintage* ou posée sur le bord de son bureau. Vous ne souhaiteriez pas trop le croiser un samedi soir un peu arrosé dans un bar de Saint-Pétersbourg. Rendez-vous au **277**.

273 « Vous ne seriez pas surpris de voir une épaisse liasse de billets posée sur le bord de son bureau. »

274

Décidément, Vladimir apprécie aussi peu vos méthodes que vous appréciez les siennes. Peut-être est-il temps d'en finir avec une collaboration qui n'aurait pas dû s'amorcer... Votre décision est prise, vous annoncez à Vladimir : « D'autres ont sans doute besoin de vous sur le marché russe. Nous vous solliciterons à nouveau si l'occasion s'en présente. » Vous ajoutez tout le « blabla » qui va avec (comme vous savez si bien le faire) sans qu'il ne se vexe réellement. Mais Vladimir est un homme plein de ressources, rendez-vous au **194**.

275

À votre arrivée, le bureau de perception des taxes dues est vide. Vous remarquez sur le mur un énième portrait de Hô Chi Minh portant un enfant dans ses bras. Dans cette posture, il incarne le père du peuple. Au bout d'un quart d'heure, Tem parvient à débusquer un fonctionnaire qui est tout disposé à vous écouter.

- ▶ Si vous souhaitez lui verser une petite subvention personnelle afin de diminuer la taxe à payer, rendez-vous au **77**
- ▶ Si vous préférez payer directement la taxe due, rendez-vous au **79**

276

Après un tour très succinct de la production, Tem vous emmène dans une petite salle de réunion sur le côté du bâtiment. Dans la salle vous attendent Hang Nguyen, le responsable de la production, et quatre de ses chefs d'équipe. Ils souhaitent profiter de votre présence pour faire une revue des performances du processus.

Ils vous soumettent les premiers indicateurs du tableau de bord : taux de réalisation, taux de perte des matières premières, productivité, indicateur qualité, ratio de consommation de l'eau, ratio de consommation de gaz, ratio de consommation d'électricité.

- ▶ Si vous demandez des précisions sur les facteurs qui ont permis d'améliorer la productivité, rendez-vous au **212**
- ▶ Si vous êtes surpris de ne voir aucun indicateur sur les rejets éventuels et demandez des explications, rendez-vous au **80**
- ▶ Si vous demandez à voir les indicateurs sur les conditions de travail (si toutefois ils existent), rendez-vous au **112**

277

Vladimir vous explique la situation du marché russe : « Il faut y aller très fort dès le début sinon vous n'existerez jamais. Selon moi, il est nécessaire de commencer par s'allier à une marque de vodka bien implantée et de proposer un *mix* produit, ce que Vitaljuices n'a jamais vraiment pu ou su faire jusqu'à présent. Et pour cela, il nous faut une vraie implantation juridique locale. » Vous sentez que votre interlocuteur ne compte pas se contenter du faible niveau de vente actuelle. Son discours suggère la création de Vitaljuices Russia, sous sa gouverne évidemment.

► Si vous voulez discuter de la capacité de Vitaljuices à proposer un nouveau *mix* produit, rendez-vous au **253**

► Si vous souhaitez discuter de la nature juridique de la structure Vitaljuices Russia, rendez-vous au **195**

278

Le repas est excellent et la *pastilla* aux pigeons délicieuse. Vous dînez en compagnie de convives de renom : les directeurs de trois entreprises qui représentent avec vous 85 % de la production et des ventes du secteur – Maroc Agrumes, Fraisia et Jus du Maghreb. Driss El Jarifi propose que les discussions sérieuses commencent au moment du dessert. Il met sur la table une proposition d'entente sur le prix de vente à l'été des jus d'orange qui représentent la plus grosse marge en matière de ventes. L'accord porterait sur une baisse des achats des pulpes chez les producteurs et sur un prix bloqué. Vous y adhérez et c'est là que s'achève votre projet.

279

Gervais Byenfrès vous écoute attentivement quand vous évoquez la question de la pollution éventuelle des jus conditionnés dans des bouteilles en PET, sujet qui correspond principalement au marché européen de Vitaljuices. Gervais a effectivement entendu parler d'une étude allemande qui fait état de probables relargages de substances chimiques dans l'eau qui est conditionnée dans les bouteilles en PET. Les mesures indiqueraient que cette eau contient deux fois plus d'hormones que celle du réseau d'eau potable. Ces hormones indiquent la présence de perturbateurs endocriniens qui ont de potentielles conséquences sur la fertilité masculine. Ce phénomène serait accentué par le stockage des bouteilles en extérieur sous un soleil direct.

► Si vous estimez que le risque est faible, rendez-vous au **116**

► Si vous souhaitez évoquer les alternatives avec Gervais, rendez-vous au **27**

► Si vous estimez que le problème est secondaire et ne mérite pas d'avantage d'attention, rendez-vous au **165**

280

Vous avez connaissance des risques de discriminations liés à la politique de natalité du pays qui s'inspire de celle de l'enfant unique prônée en Chine. Vous demandez donc assez directement à Anh Thi si elle a pu recruter des agents qui soient des femmes ayant plusieurs enfants, en signe de soutien à ces personnes sujettes à discrimination. Elle est un peu gênée sur ce sujet parce que cinq femmes ont dû quitter l'entreprise au courant de l'année, suite à l'arrivée d'un deuxième ou d'un troisième enfant. La pression sociale de leur équipe de travail était trop dure.

- ▶ Si vous proposez à Anh Thi de débloquer une ligne budgétaire spécifique pour soutenir des actions en faveur du maintien dans l'emploi de ces femmes, rendez-vous au **55**
- ▶ Si vous préférez mettre sur pied avec Anh Thi un programme de sanction interne des agents convaincus de harcèlement moral sur ce sujet, rendez-vous au **250**

281

Il y a plusieurs sujets que vous souhaitiez aborder avec Anh Thi : le respect des horaires, la politique d'embauche, les accidents du travail, le programme de formation… Alors que vous réfléchissez à la meilleure manière d'aborder le sujet, Anh Thi vous accueille chaleureusement. Elle est assez fière de vous présenter les premiers résultats de son projet *« VVN Way »* pour *« Vitaljuices VN Way »*. « C'est un programme de motivation des salariés basé sur l'affirmation de valeurs communes fortes » vous dit-elle.

- ▶ Si vous demandez à Anh Thi de vous en dire davantage, rendez-vous au **190**
- ▶ Sinon, vous pouvez l'interrompre franchement pour traiter de vos préoccupations, rendez-vous au **74**

282

Une heure plus tard, le directeur commercial et son responsable logistique vous rejoignent dans votre bureau. Le dossier qui incrimine le distributeur semble assez lourd. Vous accusez clairement un déficit de maîtrise sur cette partie du processus. Le directeur commercial propose de solliciter le distributeur pour envisager avec lui une solution contractuelle tandis que le responsable logistique suggère d'examiner les flux pour déterminer un niveau de stock adéquat à destination du distributeur.

- ▶ Si vous suivez l'avis de votre directeur commercial, rendez-vous au **177**

- ▶ Si vous suivez l'avis du responsable logistique, rendez-vous au **20**
- ▶ Si vous préférez proposer une autre solution qui vous est propre, rendez-vous au **118**

283

Jade finit par en convenir : « Il serait intéressant de pouvoir échanger sur les nouveaux projets, en particulier sur le projet de responsabilité sociétale ! » Elle profite de l'occasion pour vous rappeler qu'une étude sur le stress et les conditions de travail sur l'unité de production de Carpentras est prévue. Elle vous remet l'accord officiel des représentants du personnel pour conduire l'étude avec le cabinet que vous aviez envisagé. Vous rangez cet accord dans votre porte-documents puis vous rejoignez votre bureau. Rendez-vous au **249**.

284

Jeanne est ravie d'entendre vos éloges et l'ambiance est encore plus chaleureuse (si cela était possible). Vous gagnez 1 point de confiance interne. Vous décidez de changer de sujet.

- ▶ Si vous voulez lui parler de la dernière plainte client au sujet de l'absence de déclaration à la CNIL pour certains de vos fichiers, rendez-vous au **217**
- ▶ Sinon, vous pouvez évoquer les soucis de corruption dont vous avez eu vent, rendez-vous au **67**

285

Vous proposez assez directement à Gervais : « Il n'y a pas de raison que le phénomène de relargage ne soit pas le même si la bouteille contient du jus de fruits. Et je te laisse imaginer ce qui se passerait si demain, une association de consommateurs épinglait le secteur parce que les jus de fruits que nous vendons et qui sont censés mettre en forme nos clients les empoisonnent en fait à petit feu. Non, je pense que dans un premier temps, il faut réactualiser le chantier concernant les conditions de stockage sur les plateformes logistiques et dans les points de distributions. Les distributeurs sont trop sûrs de l'innocuité des conditions de stockage sur nos produits. Second chantier, il faut que tu t'attelles dès que possible au développement de la gamme à flaconnage en verre. On est bien sûr que le procédé est sain et on a sans doute un peu trop attendu sur ce sujet, trop contents des économies que nous avons faites sur le poids des emballages quand nous sommes passés du verre au plastique. Mais pas de cristal pour nos jus, je ne veux pas non plus de plomb dans nos produits ! » Vous gagnez 1 point de réserve environnementale disponible et 1 point d'éthique.

Vous pensez cette fois-ci avoir enfin fini le tour de la direction *marketing*, mais c'était sans compter sur une magnifique affiche que vous découvrez placardé sur la porte du « chef de pub », Raphaël Lange. L'affiche présente une femme, vraisemblablement originaire d'Afrique centrale. Elle est obèse et consomme une petite brique de jus d'orange Vitaljuices enrichi en sucre et en vitamines. Cette femme souriante et épanouie donne vraiment envie dans la posture qui la présente. Ce message est clair : ce jus de fruits assure, au même titre que l'obésité affichée par cette femme, un signe extérieur d'opulence. Cette caricature vous capte, vous interroge et vous conduit à pousser la porte de Raphaël qui est justement dans son bureau. Apparemment les stéréotypes féminins sont le sujet de ses travaux du moment, à en croire les projets d'affiches qui couvrent les murs et sa table de réunion.

- ► Si vous souhaitez rappeler à Raphaël les difficultés que pose la campagne en Inde, rendez-vous au **68**
- ► Si vous abordez le sujet de l'usage délicat qu'il fait parfois des problèmes discriminatoires, rendez-vous au **28**
- ► Si par contre vous lancez l'échange sur la prise en compte du retour assez négatif des associations de consommateurs sur certaines actions de *marketing* direct, rendez-vous au **236**

286

Vous convoquez les cadres pour annoncer que vous annulez les réunions avec les collaborateurs compte tenu de la priorité que vous donnez au problème du mélangeur. Le DRH, M. Lahababi, vous dit que cette décision sera très mal accueillie et certainement contre-productive. « Ce que vous espérez gagner avec la réparation du mélangeur, vous allez le perdre dix fois avec les mouvements sociaux » vous dit-il. Il dit souhaiter en informer la direction générale compte tenu des tensions internes. Une vive discussion s'engage entre tous les cadres et le DRH part en claquant la porte. Le directeur de production vous dit de ne pas vous en faire, que ce qui est important, c'est que les outils de production soient en état.

L'étude que vous menez permet de réduire le problème lié au mélangeur et paraît prometteuse en termes de productivité. Vous vous occupez vous-même de résoudre le problème et de mettre en place les actions envisagées.

Cela vous prend tout le temps du séjour et le problème est enfin résolu. Vous perdez 1 point de système de management mais vous gagnez 1 point de capital économique.

- ► Si vous décidez de rester une semaine de plus pour assurer les réunions prévues, rendez-vous au **263**
- ► Si vous décidez que ce qui est important et prioritaire, c'est la productivité et que le reste est futile, rendez-vous au **241**

287

Assez rapidement vous constatez que les réclamations ne sont pas absentes des échanges. C'est principalement la propreté des bouteilles ou des packs qui fait hésiter les Vietnamiens à acheter des boissons, mais cela n'a rien de spécifique aux jus Vitaljuices VN. Vous êtes par contre assez surpris de la quantité de compliments qui vous sont adressés. Vous gagnez 1 point d'éthique. Après ce petit bain de foule, vous remontez sur vos scooters et parcourez quelques rues. C'est alors que Dung vous montre quelque chose au loin. Rendez-vous au **119**.

288

Le temps d'envoyer quelques *e-mails* et c'est l'heure de vous rendre à la CCI. Vous proposez au responsable des achats de se joindre à vous mais il ne semble pas vraiment motivé, sa plus jeune fille n'est pas bien et son épouse ne rentre pas très tôt ce soir. Bref, ce n'est pas le jour !

Sur place, le président de la CCI fait un discours d'introduction très brillant et les applaudissements sont nourris. Excellence du territoire, dynamisation économique, soutien aux entrepreneurs respectueux de l'environnement, politique d'innovation etc. : tous les sujets sont évoqués. Comme vous vous y attendiez, le discours est ennuyeux et le dossier que vous aviez prévu de relire constitue un précieux soutien. Jacques Adie, le directeur général de la CCI, complète par quelques mots pour introduire les entretiens individuels préqualifiés. On vient vous accompagner vers l'espace des rencontres individuelles. Vous apercevez le maire de Jacinthe-la-Jolie qui discute non loin de vous. Par ailleurs, le secrétaire de votre syndicat patronal semble chercher à vous rencontrer.

- ► Si vous décidez d'aller à la rencontre du maire, rendez-vous au **94**
- ► Si vous vous dirigez vers le secrétaire du syndicat patronal, rendez-vous au **37**

289

La discussion est âpre et Vladimir semble ne pas vouloir démordre de son idée : « Je suis un vrai russe, moi ! Je sais de quoi sont faits mes compatriotes et ce n'est pas de jus de navet ! » Vous allez devoir déterminer si cette rencontre est un succès ou un échec.

• Vladimir Tachdenkr, Consultant en implantations délicates •
Capital image : 5

▶ Si la rencontre est un succès, rendez-vous au **138**

▶ Si la rencontre est un échec, rendez-vous au **159**

290

Vos partenaires d'affaires (vos clients et vos fournisseurs), des parties prenantes de première importance, vont soutenir votre démarche, c'est de bon augure pour la suite de votre activité. Vous avez réussi à bâtir une relation aussi constructive que possible étant donné votre activité et le type de partenaires avec lesquels vous traitez. La question est maintenant de savoir si vous bénéficierez du même soutien en interne. Pour cela rendez-vous au **232**.

291

Votre assistante vous rappelle de passer à son bureau pour récupérer votre passeport et vos billets d'avion. Elle vous suggère de lui rapporter les mêmes dattes que lors de votre dernier déplacement, elle en garde apparemment un excellent souvenir. Rendez-vous au **38**.

292

Vous allez devoir déterminer si vous parvenez à convaincre Mai.

• Mai Chuh, Directrice des achats Vitaljuices VN •
Confiance interne : 6

▶ Si la rencontre est un succès, rendez-vous au **115**

▶ Si la rencontre est un échec, rendez-vous au **75**

293

Que diraient vos salariés s'ils découvraient qu'un tel document est un faux et que vous pouvez être capable de vous en prévaloir… ? Non, il semble que vous vous soyez trompé d'objectif, il est dommage d'être arrivé aussi loin et de prétendre posséder une fausse convention. Votre projet ne peut que s'arrêter là.

294

À votre arrivée, vous avez constaté que les camions des transporteurs sont en triste état : pas de bâches, pots d'échappement percés, moteurs fumants et mal réglés. Sans compter la conduite très dangereuse des chauffeurs pour arriver les premiers à quai. Vous convoquez les transporteurs avec votre responsable achats et votre responsable QSE[21]. Vous constatez avec stupeur qu'il n'existe aucune optimisation des circuits de collecte des fruits et des livraisons. Chaque transporteur négocie son contrat, quelle que soit la cohérence de celui-ci avec la production. Les documents techniques des camions ne sont même pas exigés. Quant au respect de la loi concernant les contrats de travail, mieux vaut ne pas y penser. Vous proposez qu'une étude pour l'optimisation des collectes et des livraisons soit faite au plus vite et vous exigez au préalable que les transporteurs respectent la loi en matière de transport. Rendez-vous au **130**.

295

Le repas était excellent et la *pastilla* aux pigeons délicieuse. Janane a dîné avec des convives de renom : les directeurs de trois entreprises qui représentent avec vous 85 % de la production et des ventes du secteur – Maroc Agrumes, Fraisia et Jus du Maghreb. Dommage de ne pas avoir assisté à cette soirée pour entendre Driss El Jarifi vous proposer que les discussions sérieuses commencent au moment du dessert. Sa proposition était simple : une entente sur le prix de vente à l'été des jus d'orange qui représentent la plus grosse marge en matière de ventes. L'accord porte sur une baisse des achats des pulpes chez les producteurs et sur un prix bloqué. Votre adhésion signe la fin de votre projet.

296

Votre proposition de mettre en place la convention en deux ans au lieu s'y atteler immédiatement est mal accueillie, les délégués vous demandent quelles seront vos priorités.

- ► Si vous expliquez que votre priorité sera la révision des grilles salariales des cadres et des primes au mérite liées à la production, rendez-vous au **170**

21 Qualité Sécurité Environnement.

- Si vous expliquez que les priorités sont les suivantes : la révision des grilles des plus bas salaires, l'étude immédiate du cas des personnes en situation de précarité, un lissage des écarts de salaires, sans oublier la mise à niveau effective et prioritaire des bâtiments et des équipements signalés par le CHSCT[22], rendez-vous au **10**

297

Il faut faire des choix et travailler sur les priorités. Votre décision est prise. Vous demandez à Jean Rage : « Tu vas lancer l'étude et en informer les salariés, sans te cantonner aux seuls représentants du personnel. Au moins, la base comprendra peut-être que la direction s'implique pour leur santé, si tant est que l'étude puisse apporter des conclusions concrètes et opérationnelles. Convaincre la base, voilà un bon objectif pour toi dans les semaines et mois à venir ! » Vous gagnez 1 point de confiance interne et 1 point de système de management.

Après quelques coups de téléphone pour engager les affaires courantes, vous appelez votre assistante pour confirmer les détails de votre déplacement auprès de la filiale marocaine, rendez-vous au **291**.

298

Vous commencez à vous déporter vers la gauche mais vous voyez un policier qui vous fait signe pour vous indiquer de vous diriger vers lui.

- Si vous obtempérez et que vous le rejoignez, rendez-vous au **211**
- Si vous préférez l'ignorer et vous engager dans la rue de gauche, rendez-vous au **323**

299

Vous allez devoir déterminer si votre rencontre avec le directeur commercial de Vina Mart est un succès :

• Directeur commercial de Vina Mart •
Capital image : 5

- Si la rencontre est un succès, rendez-vous au **235**
- Si la rencontre est un échec, rendez-vous au **209**

22 Comité d'hygiène, de sécurité et des conditions de travail.

299 Les locaux de Vina Mart

300

L'idée de travailler « en duo » ne séduit pas Vladimir, mais il s'exécutera. Il pense comme vous que l'on gagnera du temps en travaillant directement avec un distributeur local et en l'associant : « C'est le mettre à moitié dans notre poche ! ». Vladimir a retrouvé ses marques, le projet peut être lancé. Vous gagnez 1 point de système de management et 2 points de capital économique. La rencontre se termine. Jeanne, qui s'est faite oublier durant tout cet échange, vous entraîne hors du bureau sans vraiment vous laisser le choix. Rendez-vous au **194**.

301

Vous réunissez les représentants du personnel et le DRH. Vous leur demandez ce qu'ils pensent de vos actions en faveur des collectivités locales et du voisinage. Il y a un vrai consensus sur le côté humanitaire de dons pour l'*aïd*[23] (pour acheter le mouton), mais pour les autres actions, les avis sont plus partagés. Les critères de décisions et de choix ne sont ni clairs ni cohérents d'une année sur l'autre. Vous proposez à vos interlocuteurs de créer une association dont ils seront administrateurs. Celle-ci aura pour but

23 Fête religieuse musulmane marquant la fin du ramadan (source : Larousse).

de gérer les actions envers les collectivités et le voisinage. Les représentants du personnel sont enchantés de la proposition. Vous gagnez un point de confiance interne et vous pouvez aller animer la réunion avec les cadres et les actionnaires, rendez-vous au **272**.

302

Jacques Adie vous répond succinctement : « Votre projet m'intéresse au plus haut point et j'accepte la demande de soutien que vous m'avez soumise il y a quelques semaines ! » Vous rangez la lettre officielle de soutien de la CCI dans votre porte-documents. Vous gagnez un point d'éthique. Rendez-vous au **226**.

303

La direction générale apprécie la façon dont vous avez géré les tensions et l'équilibre de l'entreprise, elle vous confie la mise en place de la politique de responsabilité sociétale sur le plan environnemental ainsi que la conduite de sa stratégie fournisseurs et parties prenantes externes directement liées à la chaîne de production au Maroc.

- ▶ Si vous décidez de vous mettre au travail et de tout mettre en œuvre pour que la politique de responsabilité sociétale soit exemplaire au Maroc, rendez-vous au **309**
- ▶ Si vous décidez de vous occuper d'abord des parties prenantes clients, des fournisseurs et des partenaires, rendez-vous au **105**

304

Vos partenaires d'affaires (vos clients et vos fournisseurs), des parties prenantes de première importance, vont soutenir votre démarche, c'est de bon augure pour la suite de votre activité. Vous avez réussi à bâtir une relation aussi constructive que possible étant donné votre activité et le type de partenaires avec lesquels vous travaillez. La question est maintenant de savoir si vous bénéficierez du même soutien de la part des collectivités. Pour cela, rendez-vous au **98**.

305

Hang botte en touche, la veille réglementaire ne le concerne pas, cela ne relève pas de sa fonction. Tem vous explique : « La veille est partagée entre Anh Thi, la DRH, pour ce qui relève du droit social et moi-même pour tous les autres aspects. Je vous assure qu'aucune législation vietnamienne n'interdit ces rejets. Pour vous rassurer, je m'engage tout de même à faire une nouvelle recherche sur le sujet. » Vous n'êtes pas très satisfait à l'issue de la réunion mais vous ne voyez pas d'autre issue pour l'instant.

- ▶ Si vous souhaitez approfondir le sujet et solliciter la responsable des achats, rendez-vous au **82**
- ▶ Sinon, Tem vous conduit au bureau d'Anh Thi, rendez-vous au **281**

306

Gervais prend note, il chiffrera quelques alternatives d'ici au prochain comité de direction. Il se demande d'ailleurs pourquoi un chiffrage n'est pas envisagé pour le cas où la pollution serait avérée. Mais cela il ne le note pas puisque vous ne le lui demandez pas.

Vous pensez cette fois-ci avoir enfin fini le tour de la direction *marketing*, mais c'était sans compter sur une magnifique affiche que vous découvrez placardée sur la porte du « chef de pub », Raphaël Lange. L'affiche présente une femme, vraisemblablement originaire d'Afrique centrale. Elle est obèse et consomme une petite brique de jus d'orange Vitaljuices enrichi en sucre et en vitamines. Cette femme souriante et épanouie donne vraiment envie dans la posture qui la présente.

Ce message est clair : ce jus de fruits assure, au même titre que l'obésité affichée par cette femme, un signe extérieur d'opulence. Cette caricature vous capte, vous interroge et vous conduit à pousser la porte de Raphaël qui est justement dans son bureau. Apparemment, les stéréotypes féminins sont le sujet de ses travaux du moment à en croire les projets d'affiches qui couvrent les murs et sa table de réunion.

- ▶ Si vous souhaitez rappeler à Raphaël les difficultés que pose la campagne en Inde, rendez-vous au **68**
- ▶ Si vous abordez le sujet de l'usage délicat qu'il fait parfois des problèmes discriminatoires, rendez-vous au **28**
- ▶ Si par contre vous lancez l'échange sur la prise en compte du retour assez négatif des associations de consommateurs sur certaines actions de *marketing* direct, rendez-vous au **236**

307

Mai n'est pas très satisfaite de son travail sur ce plan. Elle serait déjà ravie si elle parvenait à ce que les camionnettes des fermiers qui assurent les livraisons n'abîment pas trop la zone de déchargement. Elle a d'ailleurs décidé de ne plus remplacer le rideau mobile qui la ferme. Vous sentez bien que vous n'obtiendrez rien de plus aujourd'hui. Vous perdez 1 point de système de management et vous vous rendez au bureau de la DRH. Rendez-vous au **281**.

308

Vous convoquez Janane et le DRH : « Janane, je suis outré de ton inconscience et de ton manque d'éthique ! Ce que tu proposes, c'est de la concurrence déloyale ! C'est tout simplement interdit et condamné par la loi. Je trouve cela d'autant plus malhonnête que ce sont les clients et les fournisseurs qui en pâtissent ! » Janane éclate de rire : « Vous n'avez vraiment rien compris au commerce ici ! » Vous exigez sa démission pour perte de confiance avec une mise à pied immédiate. Le DRH essaie de vous calmer mais Janane vous dit qu'en effet, il vaut mieux vous séparer à l'amiable. Vous gagnez 1 point d'éthique. Il est temps pour vous d'aller animer la réunion avec les cadres et les actionnaires, rendez-vous au **272**.

309

Vous avez accepté la mission de mise en œuvre de la politique de responsabilité sociétale, vous dépendez étroitement de la politique de Vitaljuices dans ce domaine.

- ▶ Si vous décidez d'analyser le niveau des exigences et les éléments fédérateurs qui concernent les collaborateurs, rendez-vous au **154**
- ▶ Si vous décidez de rencontrer les parties prenantes externes (clients et fournisseurs), rendez-vous au **105**

310

Albert n'apprécie pas que vous laissiez de côté ses projets de vacances. Par contre, un audit social des conditions de production du site de Dalat lui convient bien. D'autant plus que le climat de la région est connu pour être semblable à celui de la Suisse. Albert s'attend bien à trouver sur le site des arguments pour peser dans la prochaine discussion. Vous gagnez 1 point d'éthique et 1 point de capital économique.

Au moment où vous alliez quitter la pièce, Albert vous interpelle : « Au fait, au sujet de la renégociation des tarifs d'ici à la fin de l'année, lorsque l'on connaîtra les volumes de vente réalisés… J'ai estimé que vous me devrez une ristourne rétrospective de 10 % environ sur le volume des ventes. »

- Si vous acceptez de traiter de ce sujet avec lui, rendez-vous au **49**
- Si vous en avez assez entendu pour aujourd'hui (et tout cela pour une seule référence de produit) et que vous préférez lui fausser compagnie pour rentrer au siège, rendez-vous au **139**

311

Dung se rend à la raison, il est préférable de se concerter sur les alternatives à proposer à ce distributeur réputé dur en affaires. Vous gagnez 1 point de système de management.

Le directeur commercial de Vina Mart est arrivé un peu en avance, il vous attend en salle de réunion accompagné de trois assistants ! Dès le début des échanges, il vous présente son point de vue de façon très directe : « Si Vitaljuices VN ne baisse pas ses prix de 12 %, Vina Mart devra se résoudre à ne plus distribuer vos jus de fruits. »

- Si vous souhaitez proposer un contrat qui implique que Vina Mart ne distribue plus votre premier concurrent en échange d'un prix de vente à la baisse, rendez-vous au **299**
- Si par contre vous envisagez qu'il mette en avant les produits à plus forte marge pour vous, c'est-à-dire les jus à base de pulpe de qualité modérée additionnée en sucre, rendez-vous au **73**
- Si vous préférez tenir bon et ne rien céder sur le prix de vente au nom de la qualité de vos jus de fruits, rendez-vous au **70**

312

Albert ne va pas abandonner la partie si vite. Il vous rappelle qu'il peut vous faire exclure du panel des fournisseurs de jus de fraise, qu'il l'a déjà fait et que c'est son métier, après tout, que de faire le tri entre ceux qui jouent le même jeu que lui ou pas.

- Si vous persistez à refuser de verser une contribution supplémentaire, rendez-vous au **146**
- Si par contre vous décidez d'accéder à la demande d'Albert, rendez-vous au **153**

313

La tension monte entre Tem et vous. Vous sentez bien qu'il y a un point de blocage. Vous avez mis beaucoup de pression sur John Indiana pour que la filiale Vitaljuices VN soit organisée et que le *process* de production atteigne une productivité au moins raisonnable. Les chiffres viennent le confirmer : 7 % de gain de productivité par an en moyenne depuis trois ans. Mais cela ne se fait pas sans mal. Vous gagnez 1 point de capital économique et vous perdez 1 point de système de management. Vous quittez la zone du mélangeur pour inspecter le reste de la production, rendez-vous au **276**.

314

Associer la CCI aurait évidemment été une bonne idée mais on ne peut pas forcer les gens. Aussi pour garantir quand même une bonne intégration territoriale, peut-être conviendrait-il d'associer une collectivité ?

- ► Si vous avez un avis favorable du conseil municipal et l'attestation du paiement de vos taxes au Vietnam dans votre porte-documents, rendez-vous au **252**
- ► Sinon, rendez-vous au **85**

315

Vos partenaires d'affaires (vos clients et vos fournisseurs), des parties prenantes de première importance, vont soutenir votre démarche, c'est de bon augure pour la suite de votre activité. Vous avez réussi à bâtir une relation aussi constructive que possible étant donné votre activité et le type de partenaires que vous avez. La question est maintenant de savoir si vous bénéficierez du même soutien en interne. Pour cela, rendez-vous au **232**.

316

Vladimir a beau vous expliquer qu'il a une connaissance qui a fait fortune depuis Hong-Kong en diffusant ainsi ses produits en Europe, rien n'y fait, c'est la fin de votre collaboration avec lui. La rencontre se termine et Jeanne, qui s'est faite oublier durant tout cet échange, vous entraîne hors du bureau sans vous laisser vraiment le choix. Rendez-vous au **194**.

317

Le constat auquel vous parvenez est consternant : *Water Care* vous présente des résultats d'analyse de vos jus de fruits qui démontrent la présence de toxines dont vous ignoriez l'existence. Vous perdez 1 point de réserve environnementale disponible. Vous chargez Tem de conduire immédiatement une investigation là-dessus et vous attendez son rapport sous une semaine maximum.

Satisfait du travail accompli, vous prenez vos dispositions pour rejoindre l'aéroport puis la France. Rendez-vous au **26**.

318

À bien y réfléchir, il vous apparaît clairement que vous ne pourriez naïvement inviter vos parties prenantes ni au Vietnam, ni au Maroc pour cette première fois. Mais sans avoir réussi à convaincre significativement vos partenaires du territoire ou à trop avoir dégradé votre image, il s'avère difficile de convoquer une assemblée des parties prenantes. En effet, difficile de prétendre que vous engagez un dialogue avec les parties prenantes si celles de première proximité en sont absentes. Vous décidez d'annuler la session multi-parties prenantes et votre projet s'interrompt là.

319

Vous finissez par comprendre le bien-fondé de l'approche culturelle qui s'est développée au sein de la filiale. Si la motivation des équipes est au rendez-vous, c'est que la méthode est sans doute à retenir. Vous gagnez 1 point d'éthique.

- ► Si vous souhaitez interroger Anh Thi sur l'intérêt d'une pause de deux heures qui a été octroyée aux salariés le midi, rendez-vous au **271**
- ► Si vous préférez aborder le sujet de l'emploi féminin, rendez-vous au **280**

320

En sortant du bureau du chargé d'action pluriculturelle, vous vous rendez compte que le temps est passé plus vite que prévu et que le bureau de perception des taxes dues est maintenant fermé. Vous quittez donc les bâtiments du Comité Populaire pour vous détendre un peu. Le programme que vous vous étiez fixé touche à sa fin et il vous reste quelques heures avant de prendre l'avion du soir qui vous ramènera en France. Sur le chemin, Tem achète un journal local pour y lire un article dont on lui a parlé le matin même. C'est l'interview d'un représentant de l'ONG *Water Care* qui fait état de la qualité de l'eau dans différentes régions du pays. Vitaljuices VN est cité dans un paragraphe comme utilisant de l'eau impropre à la consommation pour diluer ses pulpes et produire des jus de fruits. N'étant pas au fait de ces informations, vous êtes mi-surpris des faits et mi-scandalisé du procédé de communication. Tem vous dit : « J'ai entendu des rumeurs mais rien de sérieux ni d'alarmant. »

- ► Si vous chargez Tem d'adresser à *Water Care* un courrier de mise en demeure pour calomnie dès son retour au bureau, rendez-vous au **65**
- ► Si vous estimez avoir le temps de passer dans les bureaux de l'ONG avant votre avion, rendez-vous au **22**

CON SỐ & SỰ KIỆN

4,7 triệu m^2

LÀ MỤC TIÊU DIỆN TÍCH MẶT SÀN NHÀ Ở XÃ HỘI TỐI THIỂU ĐƯỢC XÂY DỰNG TẠI HÀ NỘI ĐẾN NĂM 2015.

265 THỨ NĂM, NGÀY 26-7-2012

THỜI NAY

ẤN PHẨM CỦA BÁO NHÂN DÂN - TRỤ SỞ 71 HÀNG TRỐNG, HÀ NỘI

Sống & lợi ích chính trị

THỜI ĐÀM

Một truyền thống nhân văn

ĐINH HOÀNG KHÁNH AN

Những ngày này, các hoạt động sôi nổi trong cả nước thể hiện sự đền ơn đáp nghĩa đối với các gia đình có công, gia đình cách mạng, các Bà mẹ Việt Nam Anh hùng, các thương binh, bệnh binh với những hành động, việc làm cụ thể, thiết thực... và các hoạt động như: Thắp nến tri ân các Anh hùng - Liệt sĩ; Lễ cầu siêu; dọn dẹp, làm đẹp các nghĩa trang liệt sĩ, các ngôi mộ liệt sĩ... thể hiện truyền thống nhân văn của dân tộc đối với những người đã hy sinh xương máu vì độc lập tự do của Tổ quốc.

Mặc dù kinh tế đất nước và đời sống nhân dân còn khó khăn, nhưng không vì thế mà các hoạt động đền ơn đáp nghĩa giảm đi. Từ tháng 6, Nhà nước, các bộ, ngành liên quan đã triển khai Kế hoạch tổ chức kỷ niệm 65 năm Ngày Thương binh - Liệt sĩ với nhiều hoạt động hướng về người có công với nước, gia đình

(Xem tiếp trang 23)

3 Doanh nghiệp xuất khẩu cao-su gặp khó

8 Trăn trở bột gạo Sa Đéc

12 Bản đồ Trung Quốc năm 1904 không có Hoàng Sa, Trường Sa

15 Bí mật về nhà thầu quân sự tư nhân Mỹ

Thiếu vốn, đình đốn công trình

BẮC AN

Water Care interview

Ảnh: HẢI NAM

Đối với ngành giao thông vận tải (GTVT), 2012 là năm nhiều khó khăn, thách thức. Mong muốn của các nhà thầu giao thông (GT) là có vốn thực hiện các dự án (DA) cấp bách như đầu tư xây dựng quốc lộ (QL) 14C, cải tạo QL5, nâng cấp mở rộng QL1A, dự án cải tạo cầu yếu... đúng tiến độ, bảo đảm chất lượng công trình dường như khó thành hiện thực. Đó là còn chưa kể vốn để thực hiện nhiệm vụ tái cơ cấu theo kế hoạch mà Bộ GTVT đề ra.

(Xem tiếp trang 23)

2 Có "làm khó" bệnh nhân chuyển tuyến?

14 Khi người phụ nữ đẹp nhất... (Truyện ngắn)

18 Hành khúc Tây Ban Nha

21 Đi cũng dở, ở không xong

320 « Vitaljuices VN est cité dans un paragraphe »

321

Le seul résultat auquel vous parvenez est de vous retrouver menotté à l'arrière de la camionnette. Étrangement, vous êtes seul à l'arrière dans le véhicule lorsqu'il démarre. La situation est pour le moins étrange et insolite. Vous parcourez ainsi quelques centaines de mètres. Finalement, la camionnette s'arrête. Un policier s'occupe de vous et vous libère. Dung est déjà là. Il vous attendait. Vous saisissez tout de suite : Dung a payé pour que vous soyez libéré. Vous le remerciez chaleureusement mais vous lui faites aussi remarquer son manque d'éthique et sa complicité de corruption. Dung comprend votre remarque, mais il prend surtout bonne note des principes de son dirigeant. Vous gagnez 1 point d'éthique. Vous rentrez à l'hôtel pour vous remettre de vos émotions. Rendez-vous au **34**.

322

Sur la base de vos « succès », vous décidez de faire le point avec certains de vos représentants du personnel pour « sentir » la situation.

- ► Si vous organisez une première *Web* conférence avec Jade Lacegité, la représentante du personnel sur le site de Carpentras, rendez-vous au **81**
- ► Si par contre vous souhaitez privilégier le Maroc et organiser la *Web* conférence avec vos interlocuteurs sur place, rendez-vous au **186**

323

Au Vietnam, on ne rigole pas avec la police. En moins de temps qu'il ne faut pour le dire, trois policiers sont sur vous. Deux vous menottent et le troisième va charger votre scooter dans la camionnette. Dung n'a pas l'air de les intéresser. Rendez-vous au **321**.

324

Le matin même de la rencontre, vous êtes partagé entre plusieurs sentiments : la fierté du travail effectué, l'angoisse concernant le déroulement de la journée et la confiance envers tous ceux avec lesquels vous collaborez en interne et en externe depuis maintenant plusieurs années.

À 14 heures précises, l'espace libéré dans le hall de stockage des produits finis permet d'accueillir dans un espace balisé au sol 38 invités extérieurs sans compter les représentants du groupe Vitaljuices. Les produits finis, les briques et les bouteilles de jus de fruits, tout ceci rassemble l'ensemble des acteurs ici présents. C'est à vous de prendre la parole pour inaugurer votre première session multi-parties prenantes qui est d'ores et déjà un succès :

« Vous savez, on dit qu'un projet qui a réussi est devenu un processus. Il me semble que c'est en train de devenir le cas pour notre projet de responsabilité sociétale. En effet, ce qui était un projet est en train de devenir une partie intégrante de nos processus, ce qui n'était qu'une idée intéressante est devenu une habitude, ce qui était une contrainte est en passe de devenir un avantage concurrentiel. Et cela, ce n'est pas mon travail ni mon projet, c'est ensemble que nous le construisons et nous irons bien plus loin encore. Aujourd'hui Vitaljuices voit naître son système de management intégré responsable.

Si la NF ISO 26000 a guidé notre projet commun, une norme n'est pas une finalité en soi, c'est un outil. Et la NF ISO 26000 a été et continuera d'être un outil essentiel pour nous. Essentiel mais au service de notre implication pour contribuer au développement durable. Vous voyez cette petite miniature en laque figurant une tige de bambou que je tiens dans la main ? »

L'image apparaît en grand sur l'écran derrière vous.

« Eh bien ! C'est tout un symbole. Un symbole qui illustre que Vitaljuices dans son ensemble assume sa responsabilité sociétale. Et je vais vous expliquer pourquoi… »

La rencontre se prolonge dans un climat de confiance, de nouvelles idées inattendues émergent, des divergences et des tensions restent présentes mais au moins elles sont identifiées, connues et sujettes à négociation. Votre nouvel objectif n'est pas de mettre ceux qui sont autour de la table d'accord sur tout : ils ne peuvent pas l'être. Par contre, vous pouvez faire vivre et alimenter ce dialogue, pour faire partie de ceux qui seront encore là demain, pour le plus grand bénéfice des générations futures.

Annexe 1
Grille de nombres pour les tirs aléatoires

Le lecteur trouvera sur la page suivante une grille de nombres pour les tirs aléatoires.

8	12	2	8	12	4	2	3	9	11	5	12	2	10	10	6	6	0	8	6	0	9	8	2	10	10	1	12	0
4	2	6	11	10	3	10	9	1	10	0	9	2	0	11	5	0	6	12	5	11	6	9	6	7	5	6	10	6
11	1	11	0	0	12	10	6	6	1	5	12	1	3	3	2	0	9	8	9	12	8	11	7	8	0	12	0	9
6	4	12	8	0	0	6	2	8	4	0	10	8	6	5	10	3	2	5	2	8	12	3	1	0	12	5	0	2
4	12	3	10	0	8	0	9	6	3	9	0	3	8	4	0	8	0	12	12	4	7	10	1	12	6	6	0	0
0	6	10	9	11	7	0	7	5	10	7	0	7	2	0	4	6	12	1	12	2	4	11	8	4	11	8	11	12
9	7	11	10	2	10	2	0	10	8	4	11	0	11	7	6	3	2	11	4	2	7	5	7	8	10	2	2	2
10	12	0	8	12	3	10	6	1	0	0	1	7	8	12	6	5	7	3	1	9	5	9	7	11	10	12	12	7
0	12	8	12	11	9	6	9	1	9	7	6	8	5	12	6	1	4	7	1	7	0	0	7	11	2	0	11	4
10	5	12	7	0	12	0	0	8	8	5	2	6	3	11	3	5	10	5	12	3	2	7	9	0	11	12	0	10
5	7	0	8	0	11	7	7	12	5	0	12	8	9	9	4	2	2	12	11	7	8	2	1	4	8	2	0	2
6	0	2	0	0	7	6	3	7	6	2	9	0	6	2	10	4	7	5	1	0	6	0	4	0	0	4	0	7
4	11	0	8	8	7	10	0	10	7	6	12	12	5	4	4	6	10	0	10	0	2	0	8	1	0	11	8	10
12	7	11	8	3	3	1	7	1	0	8	2	5	2	4	5	0	12	8	6	0	12	3	4	5	8	4	3	12
7	3	7	7	5	2	8	2	3	2	0	7	6	1	11	1	5	10	5	11	3	5	7	7	7	7	2	5	10
7	11	7	5	2	8	7	0	2	5	3	3	4	12	8	8	4	10	2	10	6	12	1	12	5	1	2	2	10
9	2	5	4	4	6	12	3	2	12	5	7	9	2	2	10	12	3	4	10	2	10	6	7	3	6	6	4	3
8	2	11	3	11	4	9	10	6	1	11	3	2	5	10	12	4	0	6	6	6	3	4	9	3	7	9	11	0
3	12	1	12	5	2	11	3	8	6	9	0	3	0	11	5	5	11	10	7	8	0	8	11	12	11	8	5	11
10	8	10	7	12	4	12	1	7	12	7	0	7	11	6	0	3	6	0	9	0	1	12	8	0	8	9	12	6
2	4	7	4	8	9	10	11	9	4	11	10	0	4	7	9	1	5	7	9	11	3	8	8	7	5	7	8	5
3	1	2	5	0	8	3	2	10	4	5	1	5	3	3	1	6	12	10	3	0	0	6	10	3	11	6	0	12
0	10	6	1	6	10	6	12	2	7	6	11	12	11	7	4	7	11	3	11	3	12	5	10	11	3	7	6	11
8	4	11	0	5	6	12	8	9	8	4	5	9	12	10	3	3	8	2	10	4	4	1	2	5	7	6	5	8
2	12	3	12	11	5	8	3	7	9	3	2	12	8	3	5	12	12	3	3	10	2	2	9	6	10	3	11	12
11	0	10	8	7	7	6	7	4	7	8	2	0	7	0	6	0	5	0	3	5	7	1	4	0	8	3	7	5
6	10	1	0	2	4	12	10	11	12	3	5	3	2	1	6	7	2	11	12	11	0	8	12	11	10	1	2	2
3	9	0	5	6	5	1	3	6	5	11	6	10	5	3	5	0	11	12	1	9	7	4	12	2	10	0	6	11
1	9	6	5	3	2	1	6	3	11	8	9	3	12	7	2	12	9	7	9	10	9	2	0	7	6	5	3	9
6	0	9	2	3	2	2	4	8	9	4	1	1	12	8	8	3	9	8	1	5	8	8	7	9	3	7	3	9
4	1	9	2	8	7	1	12	12	1	5	3	6	5	0	2	0	7	8	4	10	8	8	12	10	10	9	8	7
3	10	5	12	10	2	11	1	1	9	2	10	7	6	5	10	8	6	3	12	8	8	3	8	10	11	2	10	6
9	3	0	2	7	9	8	11	9	6	2	6	10	5	11	2	6	10	0	4	1	6	10	5	3	8	6	7	10

Annexe 2
Glossaire

Note des auteurs : ce glossaire est tiré de la NF ISO 26000:2010.

Développement durable

Développement qui répond aux besoins du présent sans compromettre la capacité des générations futures à répondre aux leurs.

Partie prenante

Individu ou groupe ayant un intérêt dans les décisions ou les activités d'une organisation.

Normes internationales de comportement

Attentes vis-à-vis du comportement d'une organisation en matière de responsabilité sociétale, procédant du droit coutumier international, de principes généralement acceptés de droit international ou d'accords intergouvernementaux universellement ou quasi-universellement reconnus.

Responsabilité sociétale

Responsabilité d'une organisation vis-à-vis des impacts de ses décisions et de ses activités sur la société et sur l'environnement, se traduisant par un comportement éthique et transparent qui :

- contribue au développement durable, y compris à la santé et au bien-être de la société ;

- prend en compte les attentes des parties prenantes ;
- respecte les lois en vigueur tout en étant en cohérence avec les normes internationales de comportement ;
- est intégré dans l'ensemble de l'organisation et mis en œuvre dans ses relations.

Sphère d'influence

Portée/ampleur des relations politiques, contractuelles, économiques ou autres à travers lesquelles une organisation a la capacité d'influer sur les décisions ou les activités de personnes ou d'autres organisations.

Imprimé en France - JOUVE-PRINT, 733, rue Saint-Léonard, 53100 MAYENNE
N° 2966030W - Dépôt légal : août 2021